"공부습관 확실히 잡아 주는 공습"

•••• 공부습관을 잡으면 **성적과 학습능력**은 저절로 올라간다!

자기 분야에서 눈에 띄는 성과를 이루어 낸 많은 사람들은 한 목소리로 좋은 습관이 성공의 열쇠였다고 말합니다. 공부도 마찬가지입니다. 자신의 페이스를 꾸준히 유지하며 공부하는 습관을 들인다면 학습능력과 성적은 저절로 따라 올라갑니다.

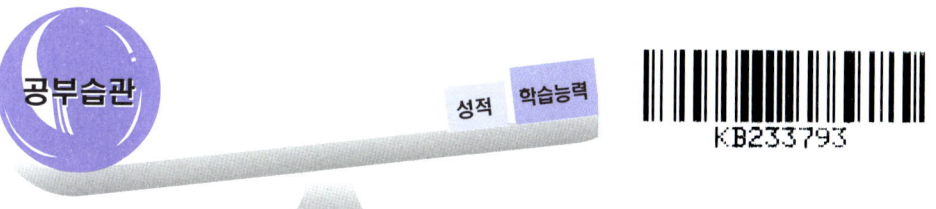

•••• **올바른 공부습관**이 없다면 학습능력은 사상누각!

본격적인 학교 공부를 시작하는 시기인 초등학교. 바로 이때 공부습관을 제대로 잡아 주는 것이 무엇보다 중요합니다. 이때 형성된 공부습관이 이후 중·고등학교에서의 학업 성취도를 좌우하기 때문입니다.

•••• '워밍업 ➜ 해결전략연습 ➜ 의욕충전'의 3단계 학습법

본격적인 운동을 하기 전에 준비운동으로 몸을 풀면, 더욱 안전하고 효과적인 운동을 할 수 있습니다. 공부를 시작하기 전에도, 먼저 두뇌를 공부할 수 있는 상태로 풀어 주어야 더욱 효율적인 공부를 할 수 있습니다. 공습에서는 준비운동을 통해 두뇌를 공부 모드로 바꿔 준 다음, 해결전략을 연습하는 문제를 풉니다. 그리고 공부 의욕을 높이는 짤막한 글로 마무리하여 학교·학원 공부를 더욱 충실히 수행할 수 있도록 합니다.

"공습으로 잡는 3대 공부습관"

•••• 첫째, 스스로 공부하는 습관

잔소리를 해서 공부를 시키는 부모와 잔소리 때문에 억지로 공부하는 아이, 모두 스트레스를 받습니다. 그러나 억지로 하는 공부는 오히려 아이에게 공부에 대한 반감만 일으킬 뿐입니다. 일단 아이의 공부 부담부터 줄여 주세요. 남들 한다고 따라서 이것저것 아이에게 시키지 마세요. 이 시기에는 하루하루 꾸준히 스스로 공부하는 습관을 잡아 주는 것만으로도 충분합니다.

공습은 하루 10분, 부담 없이 재미있게 공부할 수 있습니다. 아이와 하루 10분 공습 공부를 약속하고 지켜 보세요. 시키지 않아도 스스로 공부하는 아이를 만날 수 있을 것입니다.

•••• 둘째, 차례차례 문제를 해결하는 습관

긴 글만 보면 괜히 주눅이 들어서 자기가 가지고 있는 실력을 100퍼센트 발휘하지 못하는 아이들이 많습니다. 이것은 무엇보다 문제의 핵심이 무엇인지 파악하는 훈련이 되어 있지 않기 때문입니다. 학년이 올라갈수록 문제를 분석하여 해결 방법을 찾는 능력이 많이 요구됩니다. 초등학교 때부터 차례차례 문제를 해결하는 방법을 훈련하여, 이를 습관으로 만들어야 합니다.

공습은 절차적 문제해결전략을 반복해서 훈련함으로써, 핵심을 잡아내는 공부습관을 만듭니다.

•••• 셋째, 꾸준히 공부하는 습관

하루 세 끼 규칙적으로, 알맞은 양을 먹는 것이 건강을 지키는 방법입니다. 공부도 마찬가지입니다. 매일매일 아이가 할 수 있는 양만큼만 꾸준히 공부한다면, 아이는 공부와 시험에 대한 부담을 덜어 내고, 자신의 실력을 차곡차곡 쌓을 수 있습니다. 꾸준히 공부하기 위해서, 우선 아이 스스로가 공부는 할 만한 것이라는 자신감과 재미를 가져야 합니다.

공습은 문제해결전략만 이해하면 누구나 풀 수 있습니다. 따라서 아이는 문제를 풀면서 자신감을 갖게 되고, 이러한 자신감은 공부에 대한 재미로 이어져 꾸준히 공부할 수 있는 습관을 만듭니다.

"공습의 훈련 프로그램 - 공습국어 초등어휘"

● ● ● ● 어휘 간의 관계를 이해하고 다양하게 활용하는 습관을 잡는다.

영어 공부를 할 때는 영한사전이 아니라 영영사전을 찾아야 실력이 더 빨리 는다고 합니다. 어휘는 상황과 문맥에 따라 그 뜻이 달라지고, 비슷한 뜻의 어휘라도 상황에 알맞게 구별하여 사용해야 하기 때문입니다. 당장 문장을 해석하고 단어를 외울 때에는 단편적인 뜻을 이용하는 것이 더 편하지만 장기적으로 봤을 때 그런 습관은 독이 됩니다. 공습국어 초등어휘는 단순히 어휘의 뜻만을 외우도록 하지 않습니다. 어휘와 어휘 사이의 관계와 다양한 활용 방법을 반복적으로 훈련함으로써 다각도의 어휘 접근 방법을 일깨워 줍니다.

● ● ● ● 암기로 버텨 왔던 어휘를 사고력 확장을 이끄는 어휘로

암기를 통해 머릿속에 넣은 어휘로는 그 어휘가 원래 가지고 있는 개념만큼 다양하게 활용할 수 없습니다. 어휘는 변화무쌍하고 용례 또한 다양하기 때문에 어휘에 대한 접근 역시 과학적이고 다양한 방법으로 해야 합니다. 공습국어 초등어휘의 전략을 통해 어휘 간의 관계를 파악하고 어휘의 다양한 쓰임새를 알 수 있습니다. 어휘 간의 관계를 살펴보는 과정에서 자연스럽게 학습할 어휘의 양을 늘리고 질을 높일 수 있습니다. 또한 어떤 어휘를 보더라도 이런 전략들을 적용시키는 습관을 키울 수 있습니다. 공습국어 초등어휘는 어휘 학습뿐 아니라 사고력까지 높여 주는 과학적 프로그램입니다.

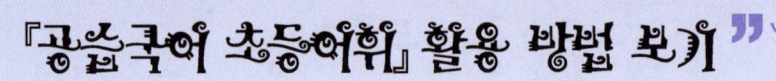

" 『공습국어 초등어휘』 활용 방법 보기 "

하나 처음 일주일 정도는 아이와 함께 하세요.

공습국어 초등어휘의 어휘 접근 전략을 아이가 이해할 수 있도록 일주일 정도는 아이와 함께 문제를 풀어 보세요.
각각의 전략 단계를 어떻게 풀면 되는지 설명해 주고, 채점을 통해 다시 한번 짚어 줍니다.

둘 매일 1회분씩 꾸준히 하도록 유도하되 강요하지 마세요.

아이에게 공부하라고 말하기 전에, 먼저 공부할 수 있는 환경과 조건을 만들어 주세요. 그리고 아이가 스스로 공부할 때
까지 지켜봐 주세요. 또한 하루에 1회분 이상 진도를 나가지 않도록 지도해 주세요. 하루에 2회분 이상의 문제를 푸는
것은 꾸준한 공부 습관 형성에 방해가 될 수 있습니다.

셋 아이의 수준에 맞게 단계별로 선택하세요.

공습국어 초등어휘는 초등학교 교과서에서 뽑은 어휘들과 교과 과정 학습에 도움이 되는 어휘들로 이루어져 있습
니다. 특히 요즘 국사의 중요성이 점점 부각되고 있기 때문에, 사회 과목의 경우 국사 영역을 따로 구분하여 어휘 학습
을 하도록 구성하였습니다. 교과서를 바탕으로 한 어휘는 무엇보다 먼저, 꼭 알아야 하는 기본 어휘입니다. 또한 학교 수
업에서 주로 이용되는 어휘들이기 때문에 천차만별인 아이들의 어휘 수준에 보다 가깝게 접근할 수 있습니다. 공습국
어 초등어휘를 공부할 때, 해당 학년에 속하는 단계를 선택하여 학교 공부와의 연계성을 갖고 이해도를 높이는 것도
좋습니다. 그러나 학교 진도를 따라가기 위한 목적으로 무리하게 단계를 선택하지는 마세요. 공습국어 초등어휘는
단기적으로 국어 '성적'을 높이기 위한 교재가 아닙니다. 공습국어 초등어휘의 목적은 국어 '능력'을 높이는 것으
로, 이것은 장기간의 훈련과 노력을 필요로 합니다. 아이의 어휘 실력에 맞는 단계를 선택할 때 최고의 효과를 얻을 수
있습니다.

단계	구성	어휘 출제 과목	출제 어휘 수
1 · 2학년	30회	국어, 수학, 과학, 사회, 예체능 영역	매 회 10~15개
3 · 4학년	30회	국어, 수학, 과학, 사회 영역	매 회 10~15개
5 · 6학년	30회	국어, 과학, 사회 영역	매 회 10~15개

걸린 시간과 정답 개수를 꼭 적도록 하세요.

공습국어 초등어휘는 문제마다 걸린 시간과 정답 개수를 적도록 하고 있습니다. 아이들이 문제를 푼 다음, 걸린 시간을 적을 수 있도록 미리 시계를 준비해 주세요. 어휘의 양과 난이도에 따라 도전 시간에 차이를 두었습니다.

욕심이 앞서서 문제 풀이의 속도만 높이려 한다면 오히려 어휘 하나하나에 대해 고민하는 시간을 갖지 못합니다. 얼마나 많은 어휘를 외우느냐는 것은 중요하지 않습니다. 어휘를 통해 사고력까지 키울 수 있도록 여유를 가지세요. 도전 시간을 주고 걸린 시간과 정답 개수를 적게 하는 것은 집중력을 높이고 실력 향상의 재미를 느끼게 하기 위한 장치임을 꼭 기억하세요.

다섯 우리 아이, 이럴 땐 이렇게 하세요.

• 도전 시간 안에, 틀린 답 없이 문제를 풉니다.

뛰어난 어휘 이해 능력을 지녔습니다. 꾸준하게 훈련하면 어휘에 대한 감각이 잡히고 동시에 언어사고력 또한 발달할 것입니다.

• (도전 시간을 기준으로) 걸린 시간은 매우 짧은데, 정답률이 낮습니다.

문제풀이전략을 이해하지 못한 상태에서 건성으로 문제를 푼 것입니다. 문제의 틀을 이해시키고, 한 문제 한 문제 같이 풀어 보는 과정이 필요합니다.

• (도전 시간을 기준으로) 걸린 시간은 길지만, 정답률은 높습니다.

전략에 따른 문제 해결이 아직 익숙하지 않거나, 집중력이 오래 가지 못하는 것입니다. 그럼에도 문제를 꼼꼼하게 풀어낸 아이의 끈기를 칭찬해 주시고, 하루하루 지켜봐 주세요. 그리고 주변 환경을 정리하고 부모가 직접 시간을 재서 아이의 집중력이 흐트러지지 않게끔 도와줍니다.

• (도전 시간을 기준으로) 걸린 시간은 긴데, 정답률이 낮습니다.

문제풀이전략을 이해하지 못한 상태이며, 집중력 또한 떨어지는 것입니다. 옆에서 좀 더 지켜보며 문제 풀이를 다시 설명해 주세요. 주변에서 쉽게 볼 수 있는 사물을 예로 들고, 그 어휘를 그림으로 표현하는 등의 활동을 통해 문제 풀이에 대한 집중력과 재미를 길러 줍니다.

공습국어 초등어휘는 공부를 시작하기 위한 준비운동인 「머리 풀어주는 퍼즐」과 본격적인 문제해결전략을 연습하는 「낱말이 쏙 생각이 쑥」(1. 가로세로 낱말 찾기, 2. 낱말 뜻 알기, 3. 비슷한 말 반대말 알기, 4. 큰 말 작은 말 알기, 5. 짝을 이루는 말(관용어) 알기, 6. 낱말 활용하기), 그리고 공부 의욕을 높여 주는 「생각 다지는 글」로 구성되어 있습니다. 아이들의 어휘 수준에 맞게 '낱말' 과 '어휘' 라는 말을 조정하여 사용하였습니다.

준비운동 – 머리 풀어 주는 퍼즐
다양한 퍼즐을 통해 두뇌를 공부 모드로 전환하고 아울러 창의사고력을 키웁니다.

1. 가로세로 낱말 찾기
어휘를 찾아보는 가벼운 몸 풀기 문제입니다. 학습할 어휘와 뜻밖의 조합을 이루는 어휘를 찾으면서 흥미를 느낄 수 있습니다.

2. 낱말 뜻 알기
어휘의 뜻을 찾는 문제입니다. 어렴풋하게는 알지만 정확히 표현하기 어려웠던 어휘의 뜻을 사전적 설명과 그림을 통해 파악할 수 있습니다.

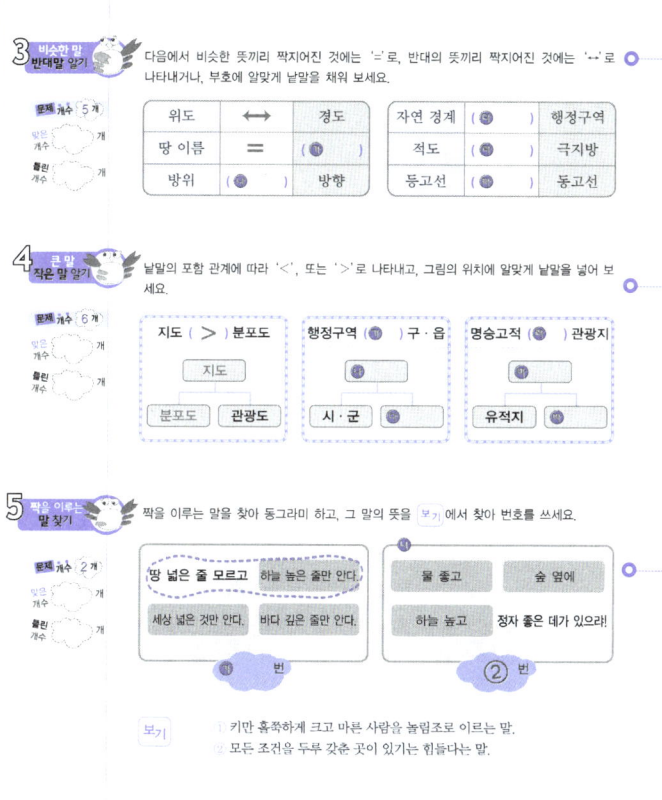

3. 비슷한 말 반대말 알기

비슷한 말과 반대말을 파악하는 문제입니다. 하나의 어휘에 연결되는 비슷한 말, 반대말까지 자연스럽게 알게 되어, 어휘의 의미를 좀 더 분명하게 알 수 있습니다.

4. 큰 말 작은 말 알기

어휘의 포함 관계를 파악하는 문제입니다. 부등호와 그것을 바탕으로 만들어진 조직도를 통해 어휘 간의 상위 개념과 하위 개념을 구분할 수 있습니다.

5. 짝을 이루는 말(관용어) 찾기

관용어를 찾고 그 뜻을 알아보는 문제입니다. 어휘가 관용적으로 쓰이면 원래의 뜻에 변화가 오기 때문에 어휘의 개념 확장에 대해 이해할 수 있습니다.

6. 낱말 활용하기

학습한 어휘가 실제 문장이나 생활에서 활용되는 것을 보여 주는 문제입니다. 문맥을 파악하고 상황을 연상하는 능력을 키울 수 있습니다.

마무리 – 생각 다지는 글

공부에 도움이 되는 이야기, 좋은 생활 습관을 다지는 이야기 등 부모가 아이에게 해 주고 싶은 이야기를 다양하게 싣고 있습니다.

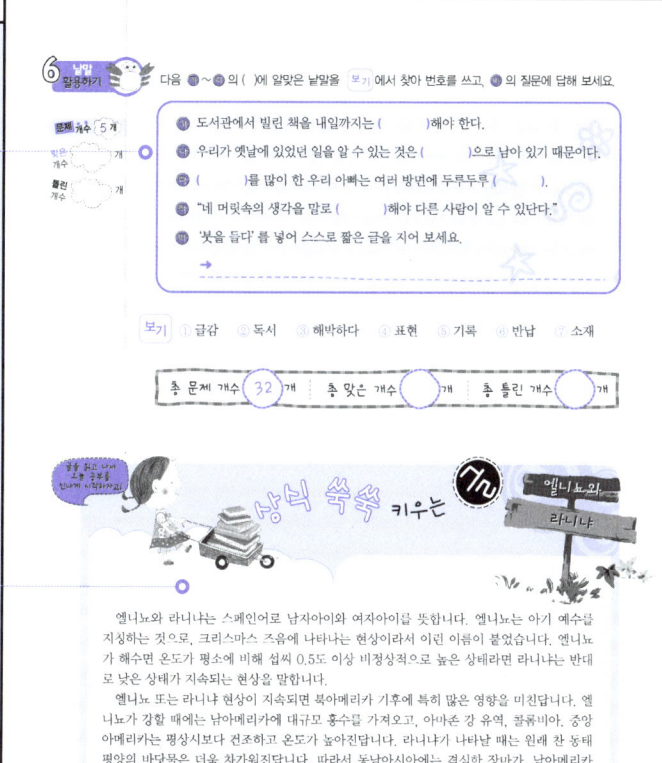

1. 가로 세로 낱말 찾기

다음 네모에서 알고 있는 낱말을 찾아 동그라미를 해 보세요.

명	절	다	리	밟	기	땔	오	장	★
★	한	탈	춤	윷	★	감	곡	작	보
대	식	조	★	놀	민	요	밥	★	릿
보	★	동	지	이	속	판	소	리	고
름	더	위	팔	기	아	궁	이	★	개

내가 찾은 낱말 16 개

가로 혹은 세로에 숨어 있는 어휘를 찾아 동그라미로 묶습니다. 한 글자씩 겹치기도 합니다. '윷놀이'와 '더위팔기'의 끝 글자들이 '이기'라는 조금 생소한 글자를 만들기도 하고, 또 '다리'와 '밟기' 처럼 각자의 뜻을 가지고 있는 어휘들이 '다리밟기'라는 하나의 뜻을 만들기도 합니다. 그래서 학습자의 수준에 따라 주어진 글자로 만들 수 있는 어휘의 개수가 달라집니다. 어떤 아이는 '동위' 처럼 잘 쓰이지 않는 어휘를 찾을 것이고, 더러 호기심이 많은 아이는 '판궁' 처럼 뜻이 없는 어휘를 찾아 그 뜻을 궁금해 할 것입니다.

찾은 어휘를 세어 개수를 표시합니다. 해설지에 표시된 어휘보다 더 많이 찾을 수도 있고 적게 찾을 수도 있습니다. 찾은 개수는 그다지 중요하지 않습니다. 그러나 해설지에 표시된 어휘는 교과서에서 뽑은 기본 어휘입니다. 곧 문제를 풀기 위해 기본적으로 필요한 어휘이므로 많이 찾지 못했을 경우에는 아이에게 조금 더 시간을 주세요. 그리고 아이와 함께 누가 빨리 어휘를 찾아내는지 게임을 하며 아이의 흥미를 높여 주세요.

2. 낱말 뜻 알기

다음 설명이나 그림이 뜻하는 낱말이 무엇인지 빈칸을 채워 보세요.

㉮ 곡식은 떨어지고 보리는 여물지 않아 먹을 것이 없는 때 ··· 보 릿 고 개

㉯ 설날이나 추석처럼 해마다 일정하게 지키어 즐기거나 기념하는 때 ··· 명 절

㉰ 일 년 중 낮이 가장 짧고 밤이 가장 긴 절기 ············ 동 지

㉱ 일반 백성들 사이에 내려오는 풍속 등 문화를 통틀어 이르는 말 · 민 속

㉲ 탈 춤   ㉳ 판 소 리   ㉴ 윷 놀 이   ㉵ 아 궁 이

〈1. 가로세로 낱말 찾기〉에서 찾은 어휘 중, 설명과 그림이 가리키는 어휘를 찾아 빈칸에 써 넣습니다.

3. 비슷한 말 반대말 알기

다음에서 비슷한 뜻끼리 짝지어진 것에는 '≒'로, 반대의 뜻끼리 짝지어진 것에는 '↔'로 나타내거나, 부호에 알맞게 낱말을 채워 보세요.

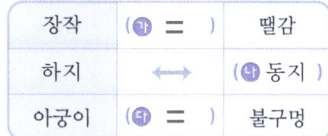

장작	(㉮ ≒)	땔감
하지	↔	(㉯ 동지)
아궁이	(㉱ ≒)	불구멍

민속	(㉰ ↔)	현대
판소리	(㉲ ↔)	대중가요
대보름달	↔	초승달

비슷한 말끼리 짝을 지은 것에는 '같다'를 뜻하는 '≒' 표시를, 반대말끼리 짝을 지은 것에는 '다르다'를 뜻하는 '↔' 표시를 합니다. 그리고 낱말 부분이 빈칸인 것에는 제시된 어휘와 비슷한, 혹은 반대의 뜻을 지닌 어휘를 써 넣습니다. '장작'과 '땔감'은 비슷한 뜻이니 ㉮에는 '≒'를 넣고, '민속'과 '현대'는 반대의 뜻이니 ㉰에는 '↔'를 넣습니다. 또 '하지'와 반대의 뜻을 가지고 있는 말을 〈1. 가로세로 낱말 찾기〉에서 찾으면 '동지'가 가장 적당하므로, ㉯에는 '동지'를 써 넣습니다.

4. 큰 말 작은 말 알기

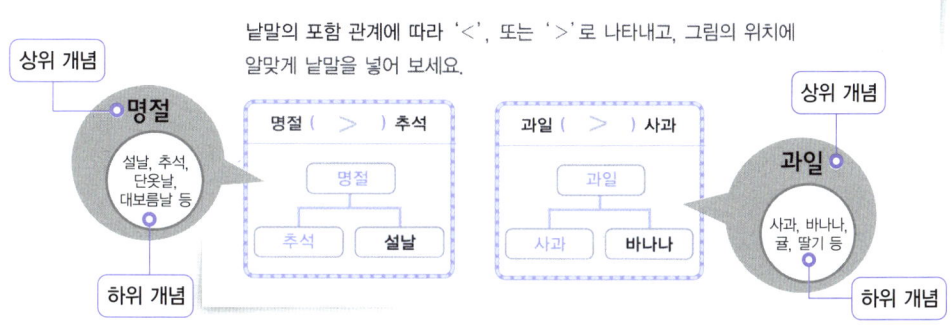

낱말의 포함 관계에 따라 '<', 또는 '>'로 나타내고, 그림의 위치에 알맞게 낱말을 넣어 보세요.

'추석'이나 '설날'은 해마다 기념하는 날들로 이들을 아울러 '명절'이라고 부릅니다. 곧 명절은 명절의 예들을 모두 포함하는 상위 개념이고, '추석', '설' 등은 명절에 포함되는 하위 개념임을 알 수 있습니다. 포함 관계를 부등호로 나타내며, 더 범위가 큰 쪽에 부등호를 향하게 합니다. 조직도에는 상위 개념이 위의 칸에, 하위 개념이 아래 칸에 들어갑니다.

벤다이어그램을 보면 어휘의 포함 관계를 더욱 쉽게 알 수 있습니다. 우선 아이들에게는 쉬운 예를 들어 설명해 주세요. '사과', '바나나', '과일'이라는 어휘가 있다면 사과와 바나나는 과일의 한 종류로 '과일'에 속합니다. 부등호는 '과일' 쪽으로 향하며, 조직도 위의 칸에는 '과일'이, 아래 칸에는 '사과'와 '바나나'가 자리합니다.

5. 짝을 이루는 말(관용어) 찾기

짝을 이루는 말을 찾아 동그라미 하고, 그 말의 뜻을 보기 에서 찾아 번호를 쓰세요.

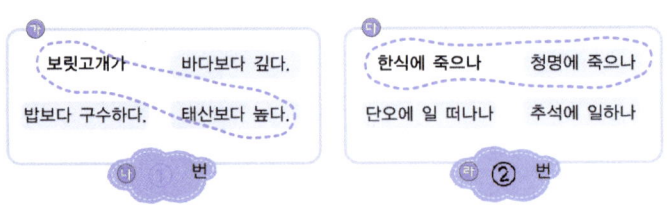

② 번

보기 ① 농사지은 식량으로 보리가 날 때까지 견디기가 매우 힘들다.
      ② 하루 먼저 죽으나 뒤에 죽으나 같다.

관용어를 이루는 어휘의 짝을 찾아 동그라미로 묶습니다. 그리고 그것들이 짝을 이루어 나타내는 뜻을 [보기]에서 찾아 그 뜻에 해당하는 번호를 빈칸에 써 넣습니다. 앞서 학습한 어휘가 들어가는 말을 최대한 이용하였고, 뜻이나 상황에서 관련성을 갖는 어휘도 이용하였습니다.

6. 낱말 활용하기

다음 ㉮~㉣의 ( )에 알맞은 낱말을 보기 에서 찾아 번호를 쓰고, ㉲의 질문에 답해 보세요.

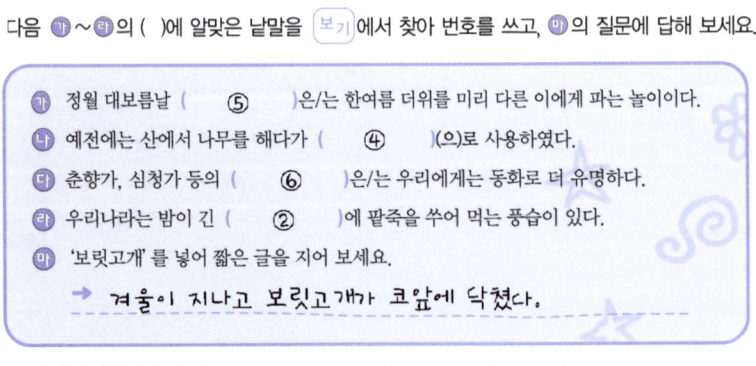

㉮ 정월 대보름날 (⑤)은/는 한여름 더위를 미리 다른 이에게 파는 놀이이다.
㉯ 예전에는 산에서 나무를 해다가 (④)(으)로 사용하였다.
㉰ 춘향가, 심청가 등의 (⑥)은/는 우리에게는 동화로 더 유명하다.
㉱ 우리나라는 밤이 긴 (②)에 팥죽을 쑤어 먹는 풍습이 있다.
㉲ '보릿고개'를 넣어 짧은 글을 지어 보세요.

　→ 겨울이 지나고 보릿고개가 코앞에 닥쳤다.

보기 ① 윷놀이 ② 동지 ③ 민속 ④ 땔감 ⑤ 더위팔기 ⑥ 판소리 ⑦ 보릿고개

학습한 어휘가 실제로 어떻게 활용되는지 보여주는 문제입니다. 앞뒤의 문맥을 보고 적합한 어휘를 선정하여 문장을 완성합니다. 그리고 짧은 글짓기를 하거나 그 말이 사용되는 상황을 연상해 보며 언어사고력을 확장시킵니다.

차례

Contents

01 회	13쪽	02 회	17쪽
03 회	21쪽	04 회	25쪽
05 회	29쪽	06 회	33쪽
07 회	37쪽	08 회	41쪽
09 회	45쪽	10 회	49쪽
11 회	53쪽	12 회	57쪽
13 회	61쪽	14 회	65쪽
15 회	69쪽	16 회	73쪽
17 회	77쪽	18 회	81쪽
19 회	85쪽	20 회	89쪽
21 회	93쪽	22 회	97쪽
23 회	101쪽	24 회	105쪽
25 회	109쪽	26 회	113쪽
27 회	117쪽	28 회	121쪽
29 회	125쪽	30 회	129쪽
정답	133쪽		

01회

머리 풀어 주는 퍼즐

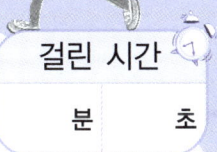

도전 시간	걸린 시간
00 분 20 초	분 초

창의사고력 기초 다지기 주의집중력 쑥~

왼쪽 그림과 오른쪽 그림을 잘 보고 다른 점을 찾아 동그라미 해 보세요.

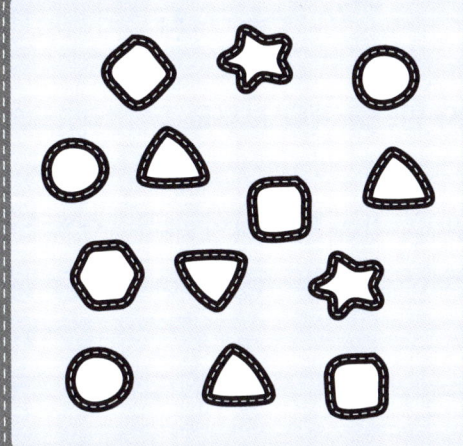 →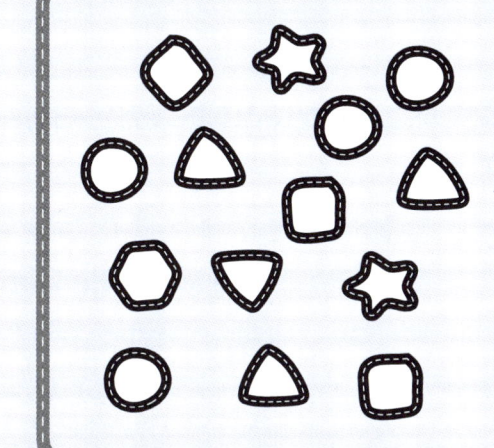

1 가로세로 어휘 찾기

다음 네모에서 알고 있는 어휘를 찾아 동그라미를 해 보세요.

여기서 찾은 어휘로 2~6번 문제를 풀어요!

산	림	관	거	적	때	기	투	레	질
불	어	슴	푸	레	푼	부	임	겨	를
령	순	사	봉	정	푼	삼	태	기	보
선	서	슬	변	수	이	둥	우	리	채
인	상	엿	소	리	농	부	릅	뜨	다

내가 찾은 어휘 ___ 개

2 어휘 뜻 알기

다음 설명이나 그림이 뜻하는 어휘가 무엇인지 빈칸을 채워 보세요.

문제 개수 8 개

맞은 개수 ___ 개

틀린 개수 ___ 개

가 어떤 일을 하다 생각 등을 잠깐 돌릴 수 있는 시간적인 여유 ···· ☐☐

나 불온하고 불량한 조선 사람이라는 뜻으로, 일제 강점기 일본을 따르지 않는 한국 사람을 이르던 말 ············ ☐ 령 ☐

다 말이나 당나귀가 코로 숨을 급히 내쉬며 투루루 소리를 내는 일 ☐☐

라 짚을 두툼하게 엮거나, 새끼와 짚으로 자리처럼 만든 물건 ······ ☐☐

마 강하고 날카로운 기세 ························· ☐☐

☐☐ 리

순 ☐ 봉

☐☐ 리

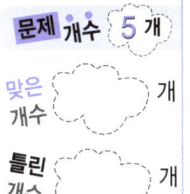

3 비슷한 말 반대말 알기

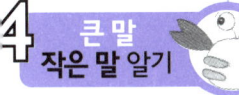

다음에서 비슷한 뜻끼리 짝지어진 것에는 '='로, 반대의 뜻끼리 짝지어진 것에는 '↔'로 나타내거나, 부호에 알맞게 어휘를 채워 보세요.

수모	=	봉변
이농	(가)	귀농
겨를	(나)	틈

보채다	=	(다)
상엿소리	(라)	상여가
인상	(마)	인하

4 큰 말 작은 말 알기

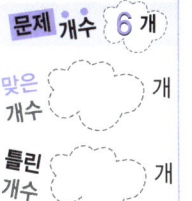

어휘의 포함관계에 따라 '<' 또는 '>'로 나타내고, 그림의 위치에 알맞게 어휘를 넣어 보세요.

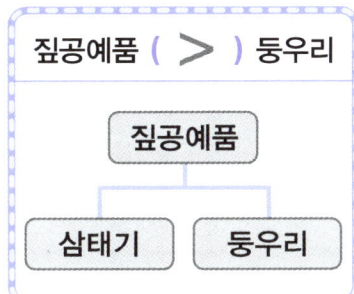

짚공예품 (>) 둥우리

짚공예품 — 삼태기, 둥우리

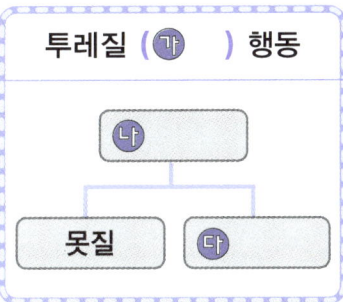

투레질 (가) 행동

나 — 못질, 다

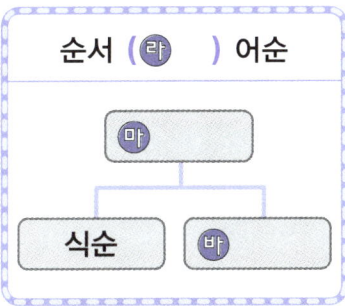

순서 (라) 어순

마 — 식순, 바

5 관용어 알기

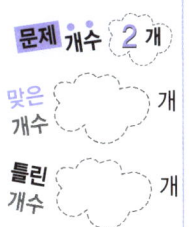

짝을 이루는 말을 찾아 동그라미를 하고, 그 말의 뜻을 보기 에서 찾아 번호를 쓰세요.

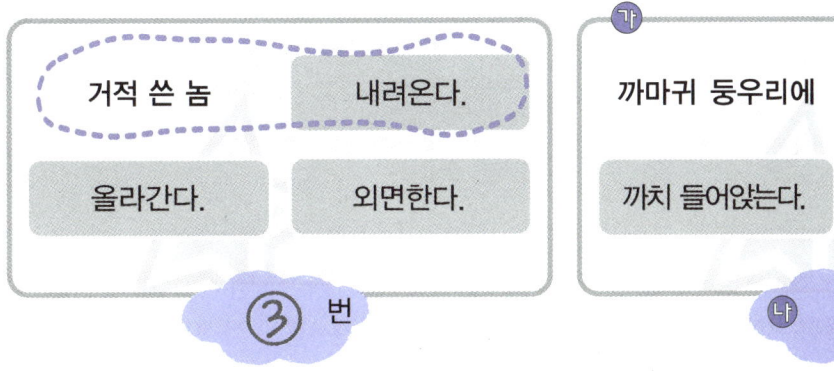

거적 쓴 놈 / 내려온다. / 올라간다. / 외면한다.

③ 번

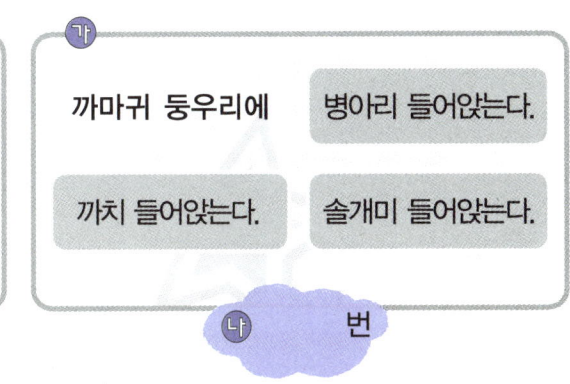

가

까마귀 둥우리에 / 병아리 들어앉는다. / 까치 들어앉는다. / 솔개미 들어앉는다.

나 번

보기

① 좁은 곳에 큰 것이 들어앉아 그 모양이 어울리지 않고 우습다는 말
② 옷 입은 맵시가 깔끔하지 못하고 엉성함을 비유적으로 이르는 말
③ 몹시 졸려서 눈꺼풀이 내려 감긴다는 말

6 어휘 활용하기

다음 ㉮ ~ ㉲ 의 ( )에 알맞은 어휘를 [보기]에서 찾아 번호를 쓰고, ㉳의 질문에 답해 보세요.

문제 개수 5 개

맞은 개수 ◯ 개

틀린 개수 ◯ 개

㉮ 일단 (②)으로 낙인 찍힌 조선인들은 마을을 떠나야 할 정도로 시달림을 받았다.

㉯ 너무 바빠서 미처 밥 먹을 ( )도 없었다.

㉰ 그녀는 오랫동안 ( ) 모아 온 돈을 불우한 이웃에게 기부하였다.

㉱ 그의 반대는 우리가 미처 예상치 못한 ( )였다.

㉲ 어찌나 ( )이 퍼렇던지 나머지 말은 하지도 못하고 돌아왔다니까요.

㉳ '봉변'을 넣어 짧은 글을 지어 보세요.

➡ _____

[보기]
① 거적 ② 불령선인 ③ 겨를 ④ 서슬 ⑤ 둥우리
⑥ 정수리 ⑦ 봉변 ⑧ 변수 ⑨ 푼푼이 ⑩ 부릅뜨고

총 문제 개수 ◯26◯ 개 │ 총 맞은 개수 ◯ 개 │ 총 틀린 개수 ◯ 개

마음에 힘이 되는 글

부당하다고 생각되면 당당히 맞서요

글을 읽고 나서 오늘 공부를 신나게 시작하자고!

　1960년대까지만 해도, 미국에서는 인종 차별이 심했답니다. 백인들은 흑인들과 한 식당에서 함께 식사를 하는 것을 꺼렸어요. 식당과 호텔은 물론 버스 좌석에도 백인용과 흑인용이 따로 있었고, 심지어 화장실도 백인용과 흑인용으로 나뉘어져 있었지요.

　미국 최초로 흑인 여성 국무장관이 된 콘돌리자 라이스도 인종 차별을 겪으며 자랐습니다. 라이스가 어렸을 때, 엄마와 함께 옷을 사러 갔어요. 점원은 흑인이니 창고에서 옷을 갈아입으라고 했지요. 라이스의 엄마는 쫓겨날 것을 각오하고 "흑인이라고 무시하는 거예요?"하며 항의했어요. 결국 라이스는 탈의실에서 옷을 갈아입을 수 있었답니다. 콘돌리자 라이스는 당당한 엄마 덕분에, 인종 차별에 맞서는 소녀로 자라났어요. 흑인이라는 이유로 식당 출입을 막으면, 조목조목 따지며 맞섰지요. 그리고 편견과 차별 없는 세상을 만들기 위해 정치인이 되었답니다.

　부당하다고 생각되는 일에 당당하고 의연하게 맞서는 태도가 세상을 바꾸어 나간답니다.

머리 풀어 주는 퍼즐

도전 시간	걸린 시간
00 분 20 초	분 초

창의사고력 기초 다지기 연상추리력 쑥~

아래 입체 도형에 알맞은 전개도는 무엇인가요?

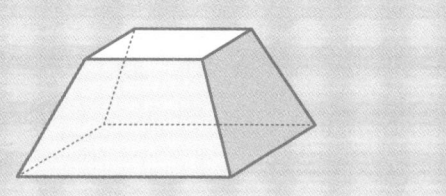

❶
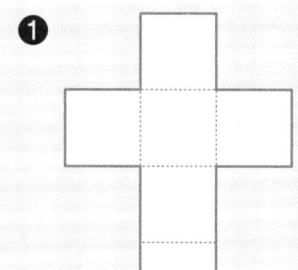

❷
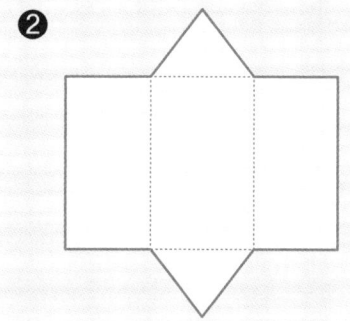

❸
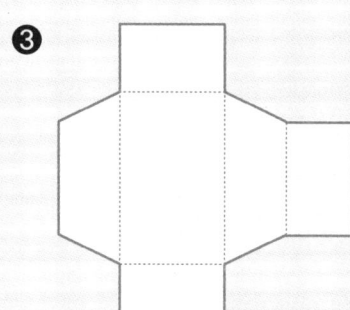

❹
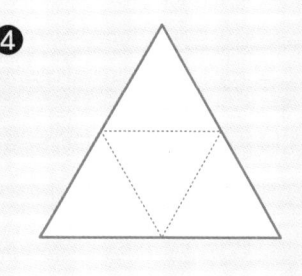

번

낱말이 쏙 생각이 쑥

1 가로세로 어휘 찾기

다음 네모에서 알고 있는 어휘를 찾아 동그라미를 해 보세요.

여기서 찾은 어휘로 2~6번 문제를 풀어요!

잠	수	정	폭	설	수	치	예	보	경
수	★	태	풍	랑	★	한	파	고	보
부	범	람	침	식	★	호	랑	기	★
설	피	저	수	지	특	우	등	압	선
일	기	도	주	의	보	적	조	현	상

내가 찾은 어휘 ⬭ 개

2 어휘 뜻 알기

다음 설명이나 그림이 뜻하는 어휘가 무엇인지 빈칸을 채워 보세요.

문제 개수 8 개

맞은 개수 ⬭ 개

틀린 개수 ⬭ 개

㉮ 대형 컴퓨터를 이용하여 기상의 관측 값과 일기 변화를 수치로 풀어서 예보하는 방식 ⋯⋯⋯⋯⋯⋯⋯⋯⋯⋯⋯⋯ ☐ ☐ 예 보

㉯ 폭풍 · 해일 · 홍수 따위로 인해 피해를 입을 염려가 있을 때 기상대에서 주의하라고 알리는 날씨 예보 ⋯⋯⋯⋯⋯ ☐ ☐ ☐ ☐

㉰ 잔물결과 큰 물결 ⋯⋯⋯⋯⋯⋯⋯⋯⋯⋯ ☐ ☐

㉱ 대기 중에서 높이가 같은 주위보다 기압이 높은 영역 ⋯⋯ ☐ ☐ ☐

㉲ 플랑크톤의 이상 번식으로 바닷물이 붉게 물들어 보이는 현상 ⋯⋯⋯⋯⋯⋯⋯⋯⋯⋯⋯⋯⋯⋯ ☐ ☐ 현 상

㉳
☐ ☐ ☐

㉴
☐ ☐

㉵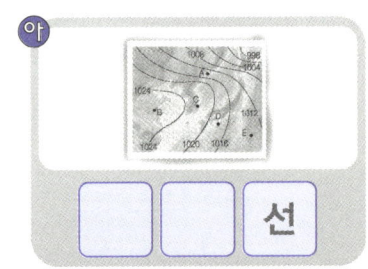
☐ ☐ 선

18

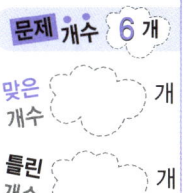
다음에서 비슷한 뜻끼리 짝지어진 것에는 '='로, 반대의 뜻끼리 짝지어진 것에는 '↔'로 나타내거나, 부호에 알맞게 어휘를 채워 보세요.

문제 개수 6 개

맞은 개수 ☁ 개

틀린 개수 ☁ 개

수몰	=	(가)
폭설	(나)	대설
한파	(다)	난파

고기압	↔	(라)
일기도	(마)	기상도
침식	(바)	퇴적

어휘의 포함관계에 따라 '<' 또는 '>'로 나타내고, 그림의 위치에 알맞게 어휘를 넣어 보세요.

문제 개수 9 개

맞은 개수 ☁ 개

틀린 개수 ☁ 개

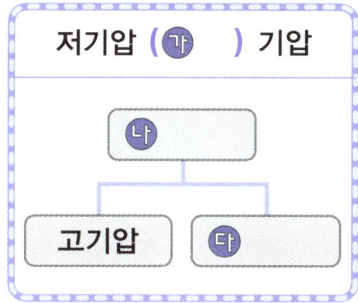

저기압 (가) 기압

나

고기압 | 다

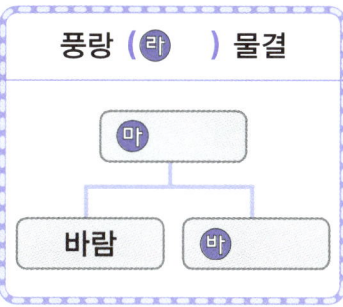

풍랑 (라) 물결

마

바람 | 바

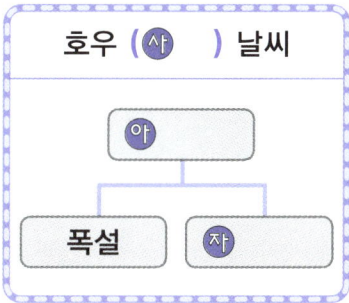

호우 (사) 날씨

아

폭설 | 자

짝을 이루는 말을 찾아 동그라미를 하고, 그 말의 뜻을 보기 에서 찾아 번호를 쓰세요.

문제 개수 4 개

맞은 개수 ☁ 개

틀린 개수 ☁ 개

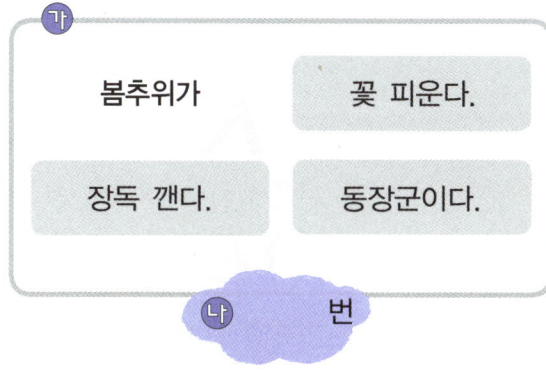

가

봄추위가   꽃 피운다.

장독 깬다.   동장군이다.

나 번

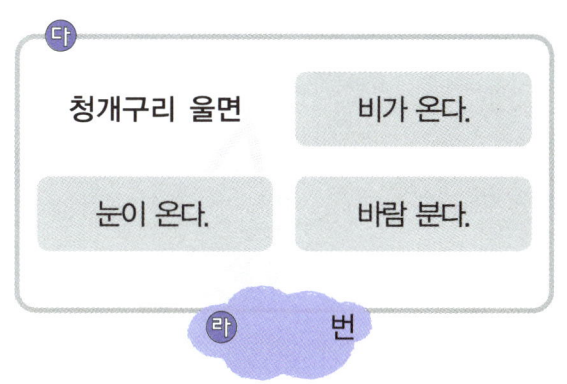

다

청개구리 울면   비가 온다.

눈이 온다.   바람 분다.

라 번

보기

① 따뜻한 봄철에도 의외로 사나운 추위가 있다는 뜻
② 청개구리는 기상 환경의 변화에 민감하기 때문에 비가 올 것을 예상할 수 있다는 뜻
③ 돈만 있으면 무엇이나 다 할 수 있음을 이르는 말

6 어휘 활용하기

다음 ㉮ ~ ㉳ 의 ( )에 알맞은 어휘를 [보기]에서 찾아 번호를 쓰고, ㉳ 의 질문에 답해 보세요.

㉮ 계속되는 홍수로 동네 곳곳이 ( )되었다.

㉯ 물이 붉게 보이는 ( )이 바다 곳곳에서 일어나고 있었다.

㉰ ( )는 눈에 빠지지 않도록 신 바닥에 대어 신던 넓적한 덧신이다.

㉱ 바다 깊은 곳으로 들어간 ( )들은 침몰한 배를 탐사하기 시작했다.

㉲ 대설 주의보가 내려진 강원도 지방에 ( )이 내렸다.

㉳ '주의보' 를 넣어 짧은 글을 지어 보세요.

→ _____

[보기]
① 파랑   ② 고기압   ③ 주의보   ④ 적조 현상   ⑤ 잠수부
⑥ 태풍   ⑦ 설피   ⑧ 침수   ⑨ 폭설   ⑩ 경보

총 문제 개수 ㉝ 개   총 맞은 개수 ◯ 개   총 틀린 개수 ◯ 개

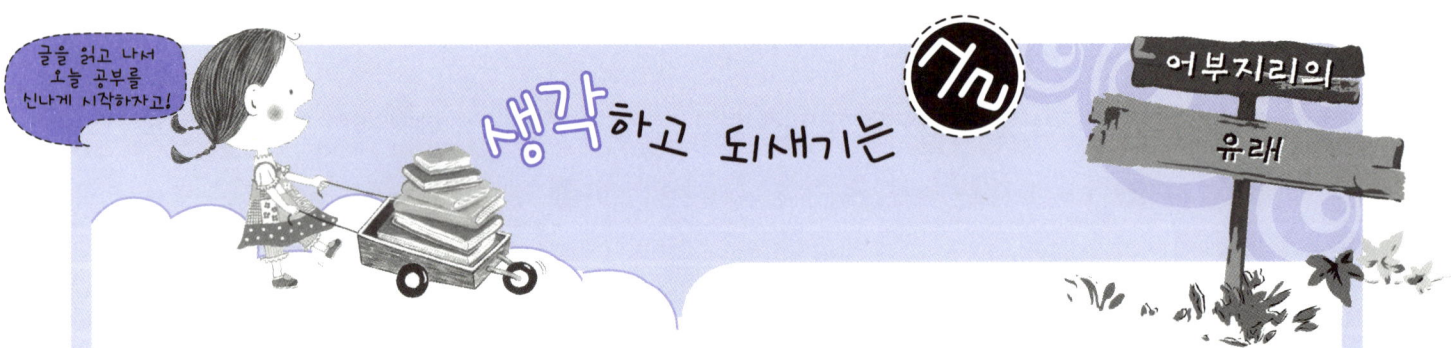

글을 읽고 나서 오늘 공부를 신나게 시작하자고!

생각하고 되새기는

어부지리의 유래

　옛날 중국의 전국 시대의 일이에요. 연나라의 왕은 조나라가 전쟁 준비를 한다는 소식을 들었어요. 그래서 조나라에 사신으로 소대를 보냈답니다. 조나라의 혜문왕을 만난 소대는 재미난 이야기를 들려주었어요.

　"제가 이곳으로 오는 도중 강가에서 입을 쫙 벌리고 있는 조개를 보았답니다. 황새란 놈이 옆을 지나다 조개를 보고는 얼른 달려들었지요. 그러자 놀란 조개가 황새 부리를 꽉 물고는 놓지 않는 거예요. 둘이 물고 물린 채 버티고 있는데, 마침 곁을 지나던 어부가 얼른 황새와 조개를 망태 속에 담았답니다. 임금님, 지금 조나라와 연나라가 황새와 조개랍니다. 두 나라가 싸우다 지치면 진나라가 어부처럼 두 나라를 치게 될 것입니다."

　소대의 말을 들은 혜문왕은 연나라의 침략 계획을 중지했답니다.

　'어부지리' 란 어부가 이득을 본다는 뜻으로, 어부처럼 힘들이지 않고 제삼자가 뜻밖의 횡재를 하게 된다는 의미로 쓰인답니다.

03회 머리 풀어 주는 퍼즐

도전 시간	걸린 시간
00 분 10 초	분 초

창의사고력 기초 다지기 판단능력 쏙~

각각의 운동에 필요한 공을 찾아 선으로 이어 보세요.

1. 축구 •

• ㄱ.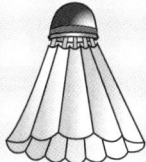

2. 야구 •

• ㄴ.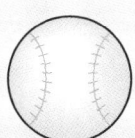

3. 배드민턴 •

• ㄷ.

4. 농구 •

• ㄹ.

도전시간 8 분 50 초

걸린시간 분 초

1 가로세로 어휘 찾기

다음 네모에서 알고 있는 어휘를 찾아 동그라미를 해 보세요.

여기서 찾은 어휘로 2~6번 문제를 풀어요!

민	주	주	의	언	론	행	방	선	거
상	수	원	무	현	국	정	치	참	추
홍	보	물	★	대	회	부	비	여	진
타	개	표	결	사	의	★	석	★	되
협	시	민	단	체	원	밀	집	되	다

내가 찾은 어휘 　　개

2 어휘 뜻 알기

다음 설명이나 그림이 뜻하는 어휘가 무엇인지 빈칸을 채워 보세요.

문제 개수 8 개

맞은 개수 　　개

틀린 개수 　　개

㉮ 일반적으로 제2차 세계 대전 이후의 역사 ·········· 　　　사

㉯ 어떤 사실이나 제품을 널리 알리기 위해 만든 인쇄물 등의 물건
·· 　　

㉰ 국민이 권력을 가지고 스스로 행사하는 제도 ······· 민 주 　

㉱ 선거에 의하여 선출된 국민의 대표로서 국회를 이루는 구성원
·· 　 　 의 원

㉲ 시민들이 자발적으로 구성, 활동하는 비영리 단체 ··· 　 　 단 체

㉳

㉴

㉵
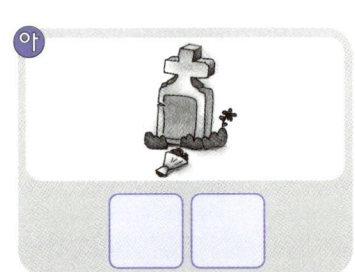

다음에서 비슷한 뜻끼리 짝지어진 것에는 '='로, 반대의 뜻끼리 짝지어진 것에는 '↔'로 나타내거나, 부호에 알맞게 어휘를 채워 보세요.

문제 개수 **6** 개

맞은 개수 ⬚ 개

틀린 개수 ⬚ 개

매스컴	=	(가)		독재 정치	↔	(라)
추진	(나)	진행		방치	(마)	통제
정치	(다)	통치		밀집되다	(바)	결집되다

4 큰 말 작은 말 알기

어휘의 포함관계에 따라 '<' 또는 '>'로 나타내고, 그림의 위치에 알맞게 어휘를 넣어 보세요.

문제 개수 **9** 개

맞은 개수 ⬚ 개

틀린 개수 ⬚ 개

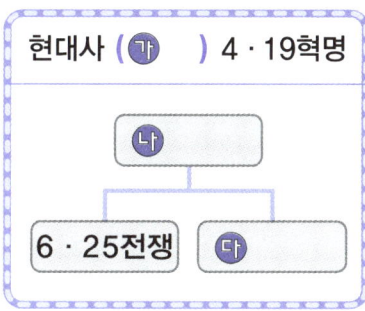

현대사 (가) 4·19혁명

나

6·25전쟁 (다)

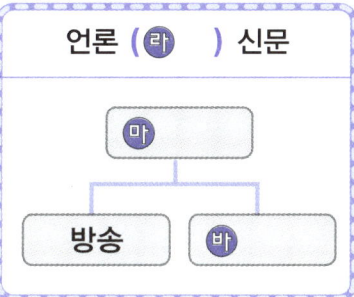

언론 (라) 신문

마

방송 (바)

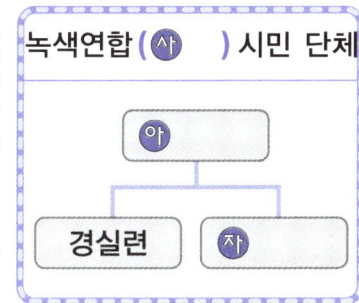

녹색연합 (사) 시민 단체

아

경실련 (자)

5 관용어 알기

짝을 이루는 말을 찾아 동그라미를 하고, 그 말의 뜻을 보기 에서 찾아 번호를 쓰세요.

문제 개수 **4** 개

맞은 개수 ⬚ 개

틀린 개수 ⬚ 개

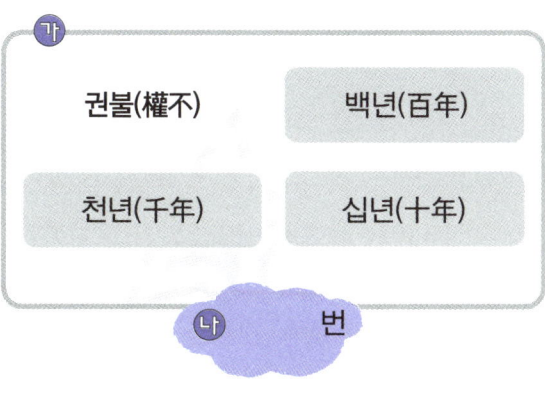

가

권불(權不)　　백년(百年)

천년(千年)　　십년(十年)

나 　 번

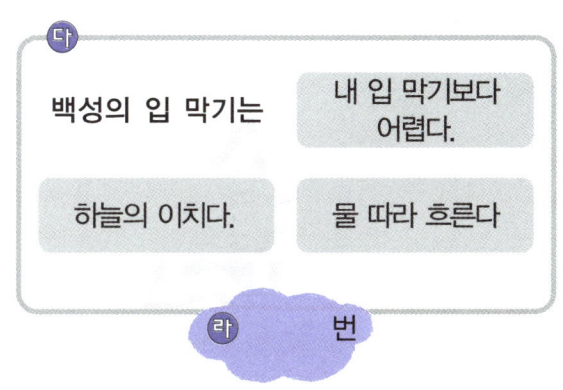

다

백성의 입 막기는　　내 입 막기보다 어렵다.

하늘의 이치다.　　물 따라 흐른다

라 　 번

보기

① 국민의 의사와 이익을 존중하지 않으면 나라까지도 위태롭게 된다.

② 권세는 십 년을 가지 못한다는 뜻으로, 아무리 높은 권세라도 오래가지 못함

③ 국민의 여론이나 소문을 막을 수 없음을 비유적으로 이르는 말.

6 어휘 활용하기

다음 ㉮~㉲의 ( )에 알맞은 어휘를 보기 에서 찾아 번호를 쓰고, ㉳의 질문에 답해 보세요.

문제 개수 **6** 개

맞은 개수 ⬜ 개

틀린 개수 ⬜ 개

㉮ 정부의 일방적인 발표에 많은 시민들이 ( )를 만들어 반발하고 있습니다.

㉯ 민주주의는 국민의 관심과 ( )로 이루어지는 정치라고 할 수 있다.

㉰ '광주 민주화 운동'은 우리나라 ( )에서 가장 뼈아픈 기억입니다.

㉱ ( )은 국민의 알 권리를 위해 바르고 공정한 보도를 해야 한다.

㉲ 이상으로 토론을 마치고 양쪽의 의견을 ( )에 부치겠습니다.

㉳ '권불십년(權不十年)'은 어떤 경우에 쓰는 말인지 써 보세요.

→ _____

보기 ① 민주주의   ② 현대사   ③ 시민 단체   ④ 국회의원   ⑤ 언론
⑥ 표결   ⑦ 참여   ⑧ 결단   ⑨ 타협   ⑩ 밀집되다

총 문제 개수 **33** 개 │ 총 맞은 개수 ◯ 개 │ 총 틀린 개수 ◯ 개

글을 읽고 나서 오늘 공부를 신나게 시작하자고!

공부 의욕 다지는

벼락치기 보다 예습복습

'벼락치기로 성적을 올릴 수 있다?' 때로는 맞는 말이기도 하지만, 틀린 말이기도 하답니다. 한 단원이 끝나고 치루는 시험은 벼락치기가 가능하지만, 중간고사나 기말고사는 불가능하거든요. 따라서 꾸준한 예습과 복습은 공부를 잘하는 지름길이랍니다.

복습은 수입 중에 부족한 부분을 메워 주고, 이미 알고 있는 부분을 다시 한 번 다져줍니다. 수업이 끝나자마자, 수업 중에 선생님이 강조한 내용과 요점 정리를 한 번 쭈욱 해 보면 된답니다. 예습은 배울 내용을 미리 알 수 있어 수업에 적극 참여할 수 있게 도와줍니다. 내일 배울 교과서 내용을 한 번 읽어 보면 된답니다.

예습과 복습이 중요하긴 하지만 너무 많은 시간을 들이지는 마세요. 가벼운 마음으로 해야 날마다 꾸준히 예습과 복습을 할 수 있으니까요.

머리 풀어 주는 퍼즐

도전 시간	걸린 시간
01 분 30 초	분 초

창의사고력 기초 다지기 정보처리능력 쑥~

다섯 개 사과 가운데 쇠로 만든 가짜 사과가 한 개 있어요. 가짜 사과는 진짜 사과 두 개를 합친 것만큼 무거워요. 양팔 저울을 써서 가짜 사과를 구별하려고 할 때, 양팔 저울을 가장 적게 사용하면 몇 번, 가장 많이 사용하면 몇 번이 될까요?

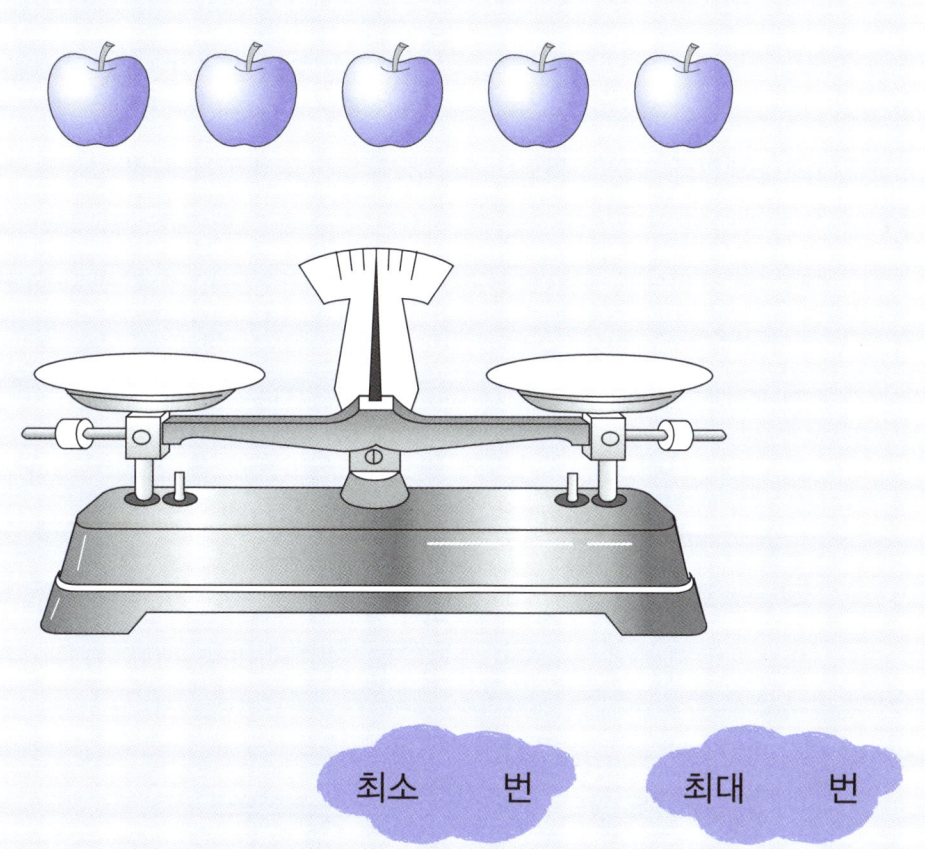

최소 번   최대 번

날말이 쏙 생각이 쑥

1 가로세로 어휘 찾기

다음 네모에서 알고 있는 어휘를 찾아 동그라미를 해 보세요.

여기서 찾은 어휘로 2~6번 문제를 풀어요!

중	서	희	강	감	찬	문	벌	동	음
추	도	향	교	윤	관	귀	금	북	서
원	병	낙	강	동	6	주	나	9	제
★	마	성	별	무	반	대	라	성	도
어	사	대	삼	사	★	첩	국	자	감

내가 찾은 어휘   개

2 어휘 뜻 알기

다음 설명이나 그림이 뜻하는 어휘가 무엇인지 빈칸을 채워 보세요.

문제 개수 8 개

맞은 개수   개

틀린 개수   개

가 고려 시대 고위 관리의 자식을 과거 시험 없이 관리로 등용하던 제도
· · · · · · · · · · · · · ☐ ☐ 제 도

나 대대로 내려오는 그 집안의 사회적 신분이나 지위 · · · · · · · · · ☐ ☐

다 고려 시대, 군사 기밀과 국방상 중요한 일을 합의하던 중앙 회의 기구
· · · · · · · · · · · · · 도 ☐ 사

라 고려 숙종 때 윤관이 여진 정벌을 위해 조직한 군대 · · · · · ☐ ☐ 반

마 고려 시대에, 유학을 가르치던 최고의 국립 교육 기관 · · · · ☐ ☐ 감

바
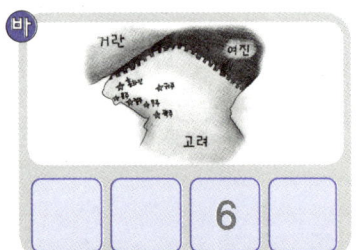
☐ ☐ 6

사

☐ 교

아

☐ ☐ 대

26

3 비슷한 말 반대말 알기

다음에서 비슷한 뜻끼리 짝지어진 것에는 '='로, 반대의 뜻끼리 짝지어진 것에는 '↔'로 나타내거나, 부호에 알맞게 어휘를 채워 보세요.

문제 개수 **6** 개

맞은 개수 ◯ 개

틀린 개수 ◯ 개

가벌	=	(가)
향교	(나)	교궁
찬성	(다)	반대

상금	↔	(라)
원병	(마)	원군
무사	(바)	문사

4 큰 말 작은 말 알기

어휘의 포함관계에 따라 '<' 또는 '>'로 나타내고, 그림의 위치에 알맞게 어휘를 넣어 보세요.

문제 개수 **9** 개

맞은 개수 ◯ 개

틀린 개수 ◯ 개

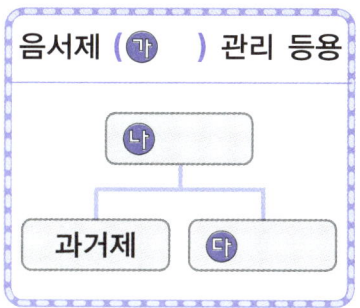

음서제 (가) 관리 등용

나

과거제 — 다

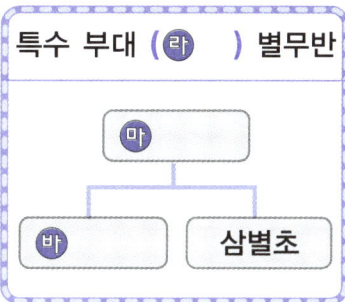

특수 부대 (라) 별무반

마

바 — 삼별초

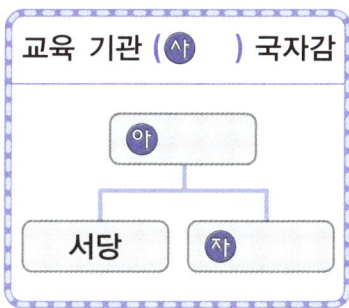

교육 기관 (사) 국자감

아

서당 — 자

5 관용어 알기

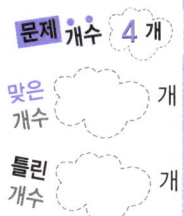

짝을 이루는 말을 찾아 동그라미를 하고, 그 말의 뜻을 보기 에서 찾아 번호를 쓰세요.

문제 개수 **4** 개

맞은 개수 ◯ 개

틀린 개수 ◯ 개

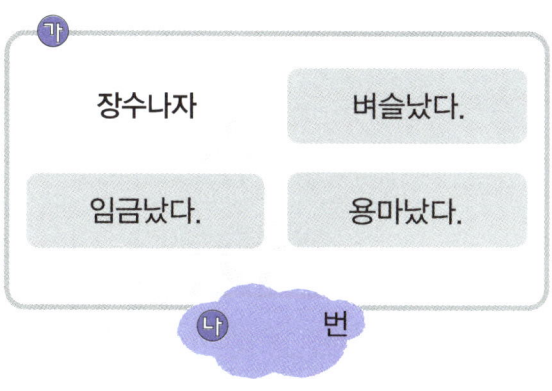

가

장수나자   벼슬났다.

임금났다.   용마났다.

나 번

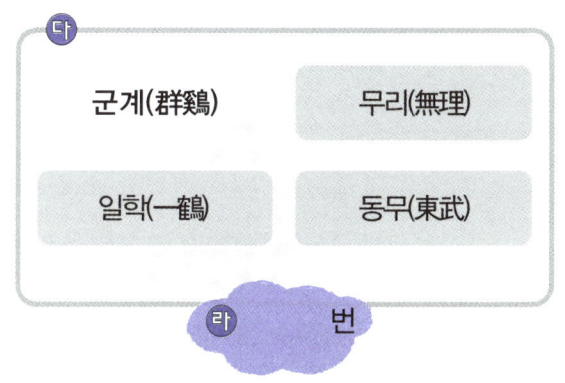

다

군계(群鷄)   무리(無理)

일학(一鶴)   동무(東武)

라 번

보기

① 닭의 무리 가운데 한 마리 학이란 뜻으로, 많은 사람 가운데서 뛰어난 인물
② 훌륭한 사람이 좋은 때를 만났음을 이르는 말
③ 별 힘 안 들이고 무엇을 쉽게 해내는 경우

27

6 어휘 활용하기

다음 ㉮ ～ ㉯ 의 (   )에 알맞은 어휘를 보기 에서 찾아 번호를 쓰고, ㉰의 질문에 답해 보세요.

문제 개수 6 개

맞은 개수 ◯ 개

틀린 개수 ◯ 개

㉮ 거란이 쳐들어오자 강감찬 장군이 이를 크게 무찌른 것을 (   )이라 한다.

㉯ (   )은 고려 최고의 교육 기관이었지만 일반 백성은 들어갈 수 없었다.

㉰ 고위 관리의 자제들은 과거를 보지 않고 (   )를 통해 관직에 나가기도 했다.

㉱ 북방의 여진족은 (   )를 세우고 고려를 압박하기 시작했다.

㉲ 윤관은 여진족에 대항하기 위해 기마병을 중심으로 한 (   )을 만들었다.

㉳ '군계일학(群鷄一鶴)'을 넣어 짧은 글을 지어 보세요.

➡ _____

보기
① 음서 제도   ② 문벌   ③ 도병마사   ④ 별무반   ⑤ 국자감
⑥ 낙성대   ⑦ 향교   ⑧ 금나라   ⑨ 강감찬   ⑩ 귀주 대첩

총 문제 개수 (33) 개 │ 총 맞은 개수 ◯ 개 │ 총 틀린 개수 ◯ 개

글을 읽고 나서 오늘 공부를 신나게 시작하자고!

상식 쑥쑥 키우는

신용 카드는 누가 만들었을까?

신용 카드는 누가 처음 만들었을까요?

미국의 사업가인 '프랭크 맥나마라'랍니다. 1949년 어느 날, 프랭크는 뉴욕의 한 식당에서 사람들과 저녁 식사를 했어요. 맛있게 저녁을 먹고 계산을 하려는데, 프랭크는 당황해서 얼굴이 빨개지고 말았어요. 지갑을 집에 두고 온 것을 그제야 알았거든요. 그날 이후, 프랭크는 다른 사람들도 한 번쯤은 지갑이 없어서 곤란한 일을 겪었다는 걸 알게 되었어요. 그래서 현금이 없어도 대금을 치를 수 있는 방법을 생각해 냈습니다. 이것이 바로 세계 최초의 신용 카드인 '다이너스 카드'예요.

신용 카드는 현금을 많이 가지고 다니지 않아도 되고, 많은 돈이 필요할 때 대금을 치를 수 있다는 장점이 있어요. 하지만 함부로 사용하면 안돼요. 카드로 사용한 대금은 카드 회사에서 빌려주는 빚이기 때문이에요. 따라서 신용 카드는 갚을 수 있는 만큼만 사용해야 한답니다.

도전 시간	걸린 시간
00 분 30 초	분 초

창의사고력 기초 다지기   계산능력 쏙~

대성이는 수학 문제를 잘못 풀어서 답이 틀렸습니다. 왼쪽에서 숫자 하나만 바꿔서 답이 11이 나오게 해 보세요.

$$4 \times 3 - 2 + 3 = 11$$

낱말이 쏙 생각이 쑥

1 가로세로 어휘 찾기

다음 네모에서 알고 있는 어휘를 찾아 동그라미를 해 보세요.

여기서 찾은 어휘로 2~6번 문제를 풀어요!

봉	두	메	산	골	떡	알	은	척	귀
당	교	묘	하	다	판	마	보	탬	담
시	골	뜨	기	만	비	지	땀	내	아
수	호	신	꾸	러	미	못	훈	계	든
모	훼	방	궁	리	고	해	바	치	다

내가 찾은 어휘 ___ 개

2 어휘 뜻 알기

다음 설명이나 그림이 뜻하는 어휘가 무엇인지 빈칸을 채워 보세요.

문제 개수 8 개

맞은 개수 ___ 개

틀린 개수 ___ 개

가 도회에서 멀리 떨어져 사람이 많이 살지 않는 변두리나 깊은 곳 ········ ☐ ☐ 산 ☐

나 국가, 민족, 개인 등을 지키고 보호하여 주는 신 ········· ☐ ☐ ☐

다 타일러서 잘못이 없도록 주의를 줌. 또는 그런 말 ·········· ☐ ☐

라 솜씨나 재주 따위가 재치 있게 약삭빠르고 묘하다. ··· ☐ ☐ 하 다

마 어떤 사실을 윗사람에게 말하여 알게 하다. ····· ☐ ☐ 바 치 다

바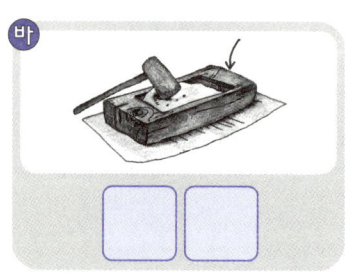
☐ ☐

사
봉 ☐

아
☐ ☐ ☐

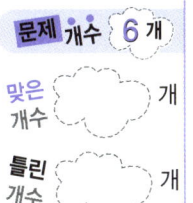

3 비슷한 말 반대말 알기

다음에서 비슷한 뜻끼리 짝지어진 것에는 '='로, 반대의 뜻끼리 짝지어진 것에는 '↔'로 나타내거나, 부호에 알맞게 어휘를 채워 보세요.

문제개수 6 개

맞은 개수 개
틀린 개수 개

두메	=	(가)
시골뜨기	(나)	서울뜨기
기만	(다)	기망

도움	↔	(라)
궁리	(마)	궁량
수모	(바)	망신

4 큰 말 작은 말 알기

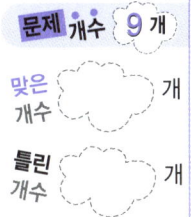

어휘의 포함관계에 따라 '<' 또는 '>'로 나타내고, 그림의 위치에 알맞게 어휘를 넣어 보세요.

문제개수 9 개

맞은 개수 개
틀린 개수 개

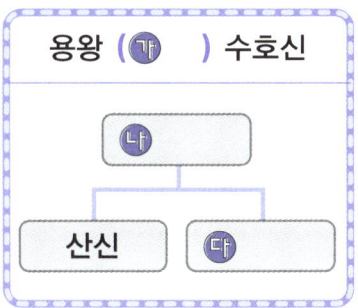

용왕 (가) 수호신
나
산신 | 다

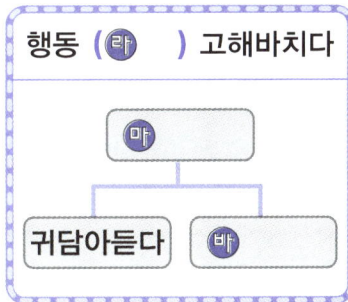

행동 (라) 고해바치다
마
귀담아듣다 | 바

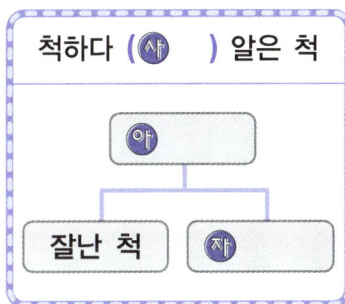

척하다 (사) 알은 척
아
잘난 척 | 자

5 관용어 알기

짝을 이루는 말을 찾아 동그라미를 하고, 그 말의 뜻을 [보기] 에서 찾아 번호를 쓰세요.

문제개수 4 개

맞은 개수 개
틀린 개수 개

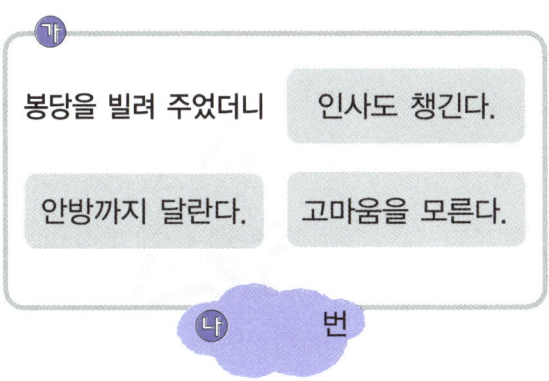

가
봉당을 빌려 주었더니   인사도 챙긴다.
안방까지 달란다.   고마움을 모른다.
나 번

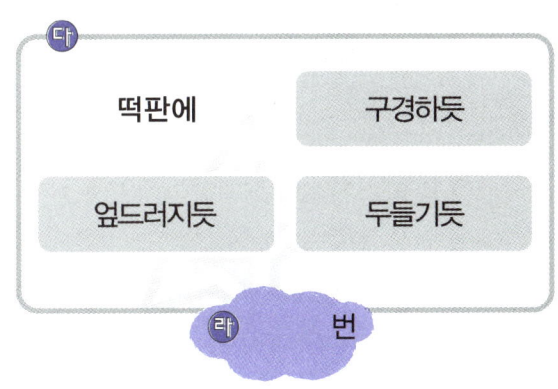

다
떡판에   구경하듯
엎드러지듯   두들기듯
라 번

[보기]

① 혼자 속으로 허황한 생각을 함
② 매우 염치없음을 비유적으로 이르는 말
③ 무엇에 골몰하여 그 생각에서 떠날 줄을 모른다는 말

다음 ㉮ ~ ㉺ 의 ( )에 알맞은 어휘를 보기 에서 찾아 번호를 쓰고, ㉿ 의 질문에 답해 보세요.

문제 개수 6 개

맞은 개수 ( ) 개

틀린 개수 ( ) 개

㉮ 제삿밥을 지어 올릴 쌀과 바꾸기 위해 박 서방은 달걀 두 ( )를 챙겨 들었다.

㉯ 오빠는 아버지께 내가 잘못한 것을 ( ) 히죽이며 웃었다.

㉰ 내가 자란 곳은 깊은 ( )이어서 산을 하나 넘어야 신작로에 닿았다.

㉱ 너의 ( ) 속임수를 내가 모르는 것이 아니다.

㉲ 마을 입구는 사람들이 ( )처럼 떠받드는 서낭나무가 지키고 있었다.

㉳ '훼방' 을 넣어 짧은 글을 지어 보세요.

→ _____

보기
① 두메산골   ② 고해바치고   ③ 교묘한   ④ 수호신   ⑤ 떡판
⑥ 봉당   ⑦ 꾸러미   ⑧ 알은척   ⑨ 훈계   ⑩ 훼방

총 문제 개수 (33) 개   총 맞은 개수 ( ) 개   총 틀린 개수 ( ) 개

글을 읽고 나서 오늘 공부를 신나게 시작하자고!

공부 의욕 다지는 72

긍정적인 말 한마디의 힘

"야! 말더듬이!"

소년은 친구들의 놀림에 귓불까지 빨개졌어요. 그리고는 방 안에 틀어 박혀 나오지를 않았답니다. 엄마는 소년에게 왜 그러냐고 물었고, 소년은 "난 아무런 장점이 없어요. 그냥 말더듬이이에요."리며 풀 죽은 목소리로 대답했답니다.

그러자 엄마는 "넌 말더듬이가 아니야. 단지 다른 사람보다 더 앞서서 생각하기 때문에 말이 바로바로 나오지 않을 뿐이야"라며, 오히려 말더듬는 버릇을 칭찬해 주었답니다. 소년은 그 이의 말에 기운을 얻었어요. 친구들을 피하지 않고 더 적극적으로 다가갔답니다. 자신감이 생기니까 책도 더 잘 읽게 되었어요. 뒷날 소년은 세계적 기업인 제너럴일렉트릭사의 회장이 되었답니다. 말더듬이 소년에서 '세계에서 가장 존경받는 경영인' 으로 인정받은 이 사람이 잭 웰치입니다. 그의 성공 비결은 바로 엄마의 긍정적인 말 한마디였어요. 여러분도 스스로에게 긍정적인 말을 해 주세요. 아마도 잭 웰치처럼 인생이 바뀔 거예요.

창의사고력 기초 다지기 주의집중력 쏙~

보물찾기를 떠난 태호는 보석들이 흩어져 있는 언덕들을 발견했어요. 곳곳에 떨어져 있는 보석들을 모두 줍기 위해 사다리를 타고 건너간다면, 몇 개의 사다리를 건너야 할까요? (단, 태호는 출발한 곳으로 되돌아와야 합니다.)

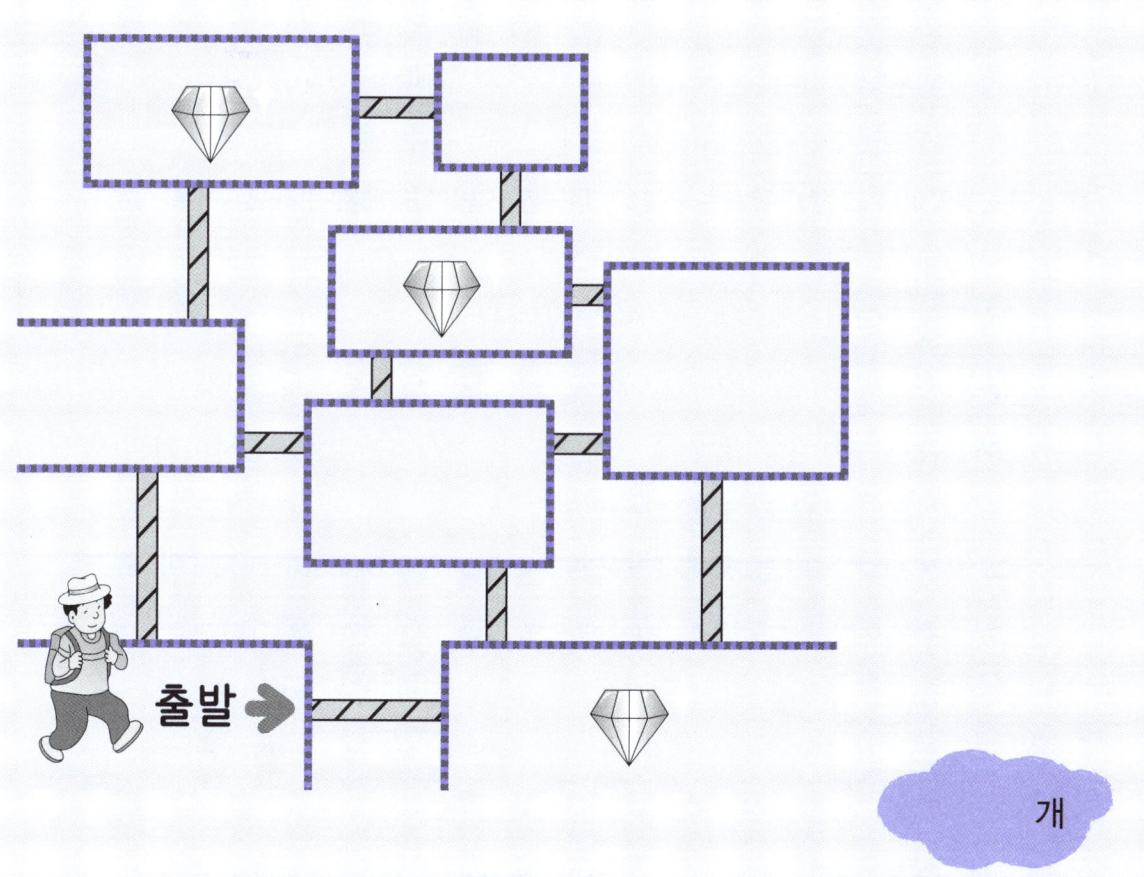

출발 ➡

개

낱말이 쏙 생각이 쑥

1 가로세로 어휘 찾기

다음 네모에서 알고 있는 어휘를 찾아 동그라미를 해 보세요.

여기서 찾은 어휘로 2~6번 문제를 풀어요!

상	공	집	중	호	우	본	격	적	비
기	원	전	★	고	역	할	노	루	바
예	보	관	저	위	도	사	소	사	람
관	양	분	오	도	★	습	비	인	유
측	격	퇴	지	질	생	산	자	펜	인

내가 찾은 어휘 ⬭ 개

2 어휘 뜻 알기

다음 설명이나 그림이 뜻하는 어휘가 무엇인지 빈칸을 채워 보세요.

문제 개수 8 개

맞은 개수 ⬭ 개

틀린 개수 ⬭ 개

㉮ 어느 한 지역에 집중적으로 내리는 비 ············ | 집 | 중 | | |

㉯ 지각을 이루는 여러 가지 암석이나 지층의 성질 또는 상태 ····· | | |

㉰ 적도에 가까운 위도로 적도에서 남북 회귀선인 23.5도 사이의 위도 ·········· | 저 | | |

㉱ 육안이나 기계로 천체나 기상의 상태를 관찰하여 측정하는 일 ··· | | |

㉲ 기상 상태를 예측하여 미리 알리는 일을 전문으로 하는 사람 | | | 관 |

㉳

| | | |

㉴

| | |

㉵
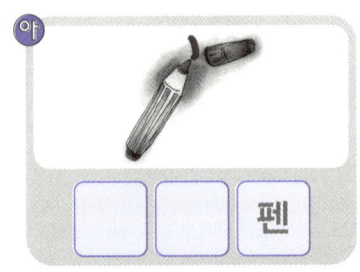
| | | 펜 |

34

3 비슷한 말 반대말 알기

다음에서 비슷한 뜻끼리 짝지어진 것에는 '≒'로, 반대의 뜻끼리 짝지어진 것에는 '↔'로 나타내거나, 부호에 알맞게 어휘를 채워 보세요.

문제 개수 6 개

맞은 개수 ⬜ 개

틀린 개수 ⬜ 개

생산자	↔	(가)
집중 호우	(나)	장대비
비바람	(다)	풍우

고위도	↔	(라)
오지	(마)	중심지
상공	(바)	공중

4 큰 말 작은 말 알기

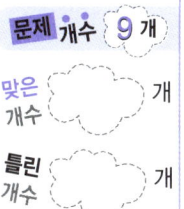

어휘의 포함관계에 따라 '<' 또는 '>'로 나타내고, 그림의 위치에 알맞게 어휘를 넣어 보세요.

문제 개수 9 개

맞은 개수 ⬜ 개

틀린 개수 ⬜ 개

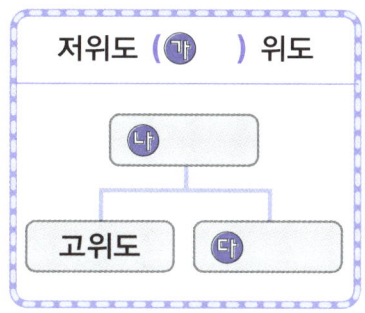

저위도 (가) 위도
나
고위도 | 다

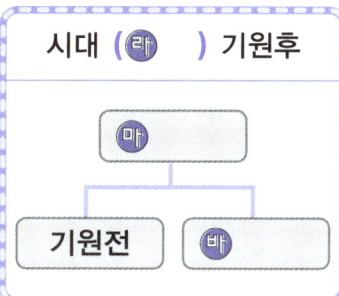

시대 (라) 기원후
마
기원전 | 바

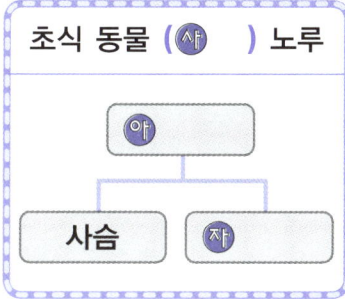

초식 동물 (사) 노루
아
사슴 | 자

5 관용어 알기

짝을 이루는 말을 찾아 동그라미를 하고, 그 말의 뜻을 보기 에서 찾아 번호를 쓰세요.

문제 개수 4 개

맞은 개수 ⬜ 개

틀린 개수 ⬜ 개

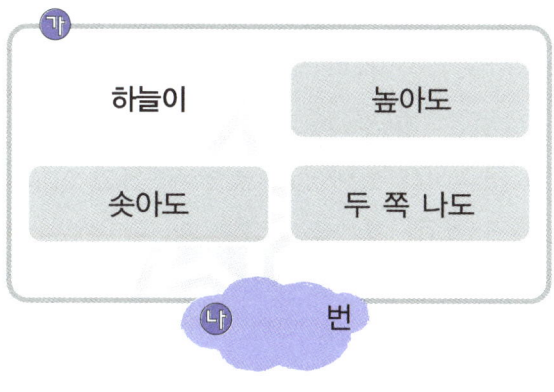

가
하늘이　높아도
솟아도　두 쪽 나도
나　번

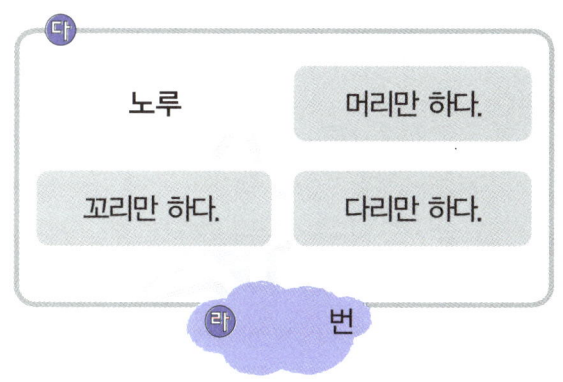

다
노루　머리만 하다.
꼬리만 하다.　다리만 하다.
라　번

보기

① 아무리 큰 어려움이 있더라도
② 매우 짧다.
③ 일이 점점 더 어렵고 힘들게 되었음

6 어휘 활용하기

다음 ㉮~㉱의 ( )에 알맞은 어휘를 보기에서 찾아 번호를 쓰고, ㉲의 질문에 답해 보세요.

문제 개수 **6** 개

맞은 개수 ⬜ 개

틀린 개수 ⬜ 개

㉮ 중부 지방에 내린 (　　　)로 많은 수재민이 발생하였습니다.

㉯ 장마가 끝났으니 이제 (　　　)인 여름 더위가 시작되겠다.

㉰ 예전에는 하늘의 별을 (　　　)하여 날씨를 예측했다고 한다.

㉱ 적도에 가까운 (　　　) 지방은 온도가 높은 것이 특징이다.

㉲ 사람들의 발길이 닿지 않는 (　　　)일수록 자연은 잘 보존되어 있었다.

㉳ '하늘이 두 쪽 나도'를 넣어 짧은 글을 지어 보세요.

　　➜ _____

보기
① 집중 호우　② 예보관　③ 저위도　④ 관측　⑤ 지질
⑥ 상공　⑦ 본격적　⑧ 고역　⑨ 상기　⑩ 오지

총 문제 개수 ㉝ 개 ┊ 총 맞은 개수 ◯ 개 ┊ 총 틀린 개수 ◯ 개

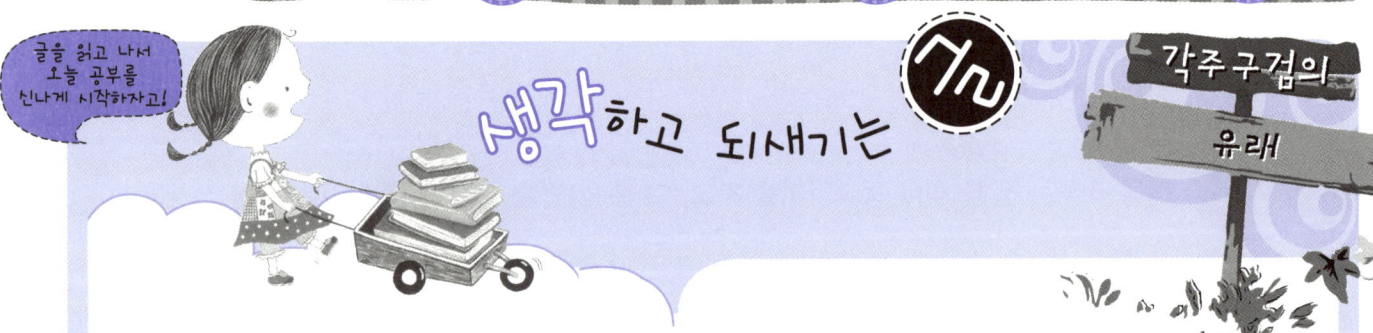

생각하고 되새기는

각주구검의 유래

글을 읽고 나서 오늘 공부를 신나게 시작하자고!

　옛날 초(楚)나라에 한 젊은이가 살고 있었어요. 어느 날, 젊은이는 배를 타고 강을 건너게 되었답니다. 멀리 강가의 풍경을 바라보던 젊은이는 그만 실수로 손에 들고 있던 칼을 놓치고 말았답니다. 칼은 곧바로 강물 속으로 빠져 버렸지요.

　"아! 이 일을 어떻게 하지? 우리 집 가보를 강물에 빠뜨렸으니 말이야!"

　젊은이는 이른 허리춤에 차고 있던 단검을 빼어 들고는, 칼을 떨어뜨린 뱃전에 표시를 했답니다. 그리고는 표시해 놓은 뱃전 밑의 강물로 뛰어들었어요. 이를 지켜보던 한 사람이 젊은이에게 소리쳤습니다.

　"이보게! 강물에 뛰어들어도 소용이 없으니, 얼른 올라오게나!"

　이 젊은이처럼, 융통성이 없고 현실에 맞지 않는 낡은 생각을 고집하는 어리석음을 가리켜 '각주구검(刻舟求劍)'이라고 한답니다.

머리 풀어 주는 퍼즐

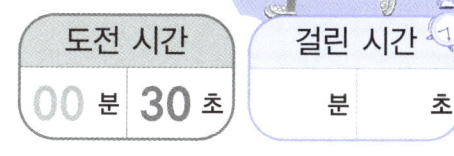

도전 시간	걸린 시간
00 분 30 초	분 초

창의사고력 기초 다지기   연상추리력   쑥~

태양이가 1층에서 엘리베이터를 타고 3층으로 올라가려고 합니다. 승리는 2층에서 1층으로 내려오려고 합니다. 그리고 대성이는 4층에서 2층으로 내려오려고 합니다. 엘리베이터가 올라갔다가 1층에 다시 도착했을 때, 내리는 사람은 몇 명이며, 누구일까요?

4층

3층

2층

1층

명

날말이 쏙 생각이 쑥

1 가로세로 어휘 찾기

다음 네모에서 알고 있는 어휘를 찾아 동그라미를 해 보세요.

여기서 찾은 어휘로 2~6번 문제를 풀어요!

평	등	선	거	법	제	처	안	비	서
가	결	청	와	대	국	하	보	상	조
예	산	렴	동	집	무	다	좌	국	달
세	금	심	의	경	회	고	관	세	청
국	정	감	사	호	의	충	★	청	★

내가 찾은 어휘 ⬤ 개

2 어휘 뜻 알기

다음 설명이나 그림이 뜻하는 어휘가 무엇인지 빈칸을 채워 보세요.

문제 개수 **8** 개

맞은 개수 ⬤ 개
틀린 개수 ⬤ 개

㉮ 모든 유권자 한 사람이 한 표씩 행사하는 선거 ······ [ ][ ][선][거]

㉯ 국무 회의에 상정될 법령 등의 심사와 기타 법제에 관한 일을 하는 기관
······ [ ][ ][처]

㉰ 정부 물자의 구매·공급과 정부 시설의 공사 계약 따위를 맡아보는 기관
······ [ ][ ][청]

㉱ 국회가 국정 전반에 관하여 행하는 감사 ······ [ ][ ][감][사]

㉲ 정부의 중요 정책을 심의하는 최고 정책 심의 회의·· [ ][ ][회][의]

㉳

[청][ ][ ]

㉴
[ ][ ]

㉵

[ ][ ]

38

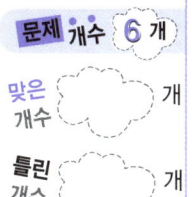

3 비슷한 말 반대말 알기

다음에서 비슷한 뜻끼리 짝지어진 것에는 '='로, 반대의 뜻끼리 짝지어진 것에는 '↔'로 나타내거나, 부호에 알맞게 어휘를 채워 보세요.

문제 개수 6 개

맞은 개수 ⬡ 개

틀린 개수 ⬡ 개

조세	=	(가)
심의	(나)	심사
회고	(다)	회상

부결	↔	(라)
호의	(마)	악의
청렴	(바)	부정

4 큰 말 작은 말 알기

어휘의 포함관계에 따라 '<' 또는 '>'로 나타내고, 그림의 위치에 알맞게 어휘를 넣어 보세요.

문제 개수 9 개

맞은 개수 ⬡ 개

틀린 개수 ⬡ 개

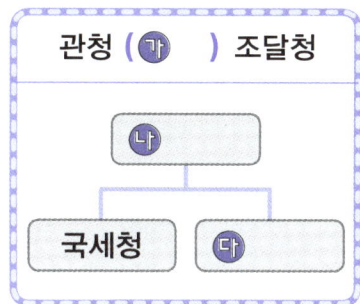

관청 (가) 조달청

(나)

국세청 | (다)

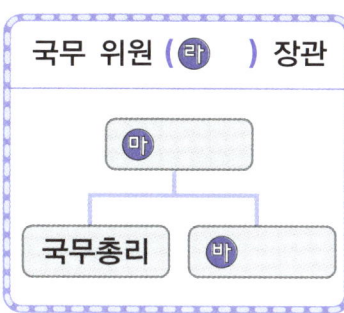

국무 위원 (라) 장관

(마)

국무총리 | (바)

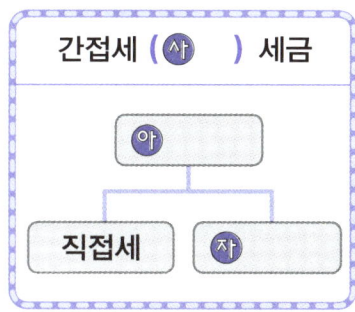

간접세 (사) 세금

(아)

직접세 | (자)

5 관용어 알기

짝을 이루는 말을 찾아 동그라미를 하고, 그 말의 뜻을 보기 에서 찾아 번호를 쓰세요.

문제 개수 4 개

맞은 개수 ⬡ 개

틀린 개수 ⬡ 개

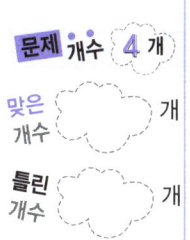

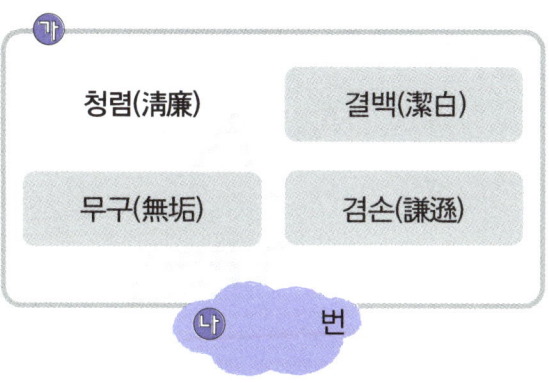

가

청렴(淸廉)   결백(潔白)

무구(無垢)   겸손(謙遜)

나   번

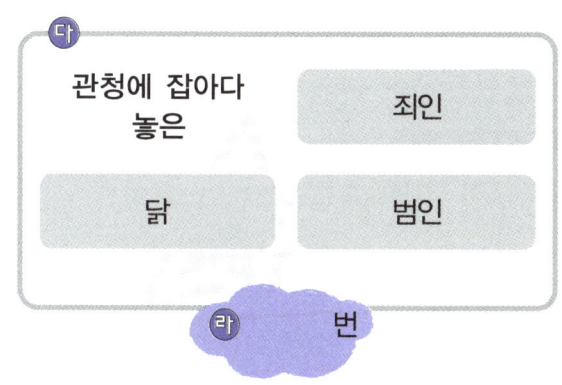

다

관청에 잡아다 놓은   죄인

닭   범인

라   번

보기

① 마음이 맑고 깨끗하며 탐욕이 없음

② 영문도 모르고 낯선 곳으로 끌려와서 어리둥절해 있는 사람을 비유적으로 이르는 말

③ 관아에 너무나 할 일이 없음을 비유적으로 이르는 말

6 어휘 활용하기

다음 ㉮~㉱의 ( )에 알맞은 어휘를 보기 에서 찾아 번호를 쓰고, ㉲의 질문에 답해 보세요.

문제 개수 6 개

맞은 개수 ◯ 개

틀린 개수 ◯ 개

㉮ 고위 관리를 향한 테러가 많이 일어나고 있는 요즘 각별히 ( )에 신경 쓰도록!

㉯ ( )는 대통령이 머무는 숙소이자 ( )를 보는 곳이다.

㉰ 국가 기관은 국민이 낸 ( )으로 운영되는 곳이다.

㉱ 국회에서 농촌 개혁안이 만장일치로 ( )되었습니다.

㉲ ( )는 선거권을 가진 국민은 누구나 똑같이 한 표를 행사할 수 있다는 것이다.

㉳ '청렴결백' 은 어떤 경우에 쓰는 말인지 써 보세요.

→ _____

보기
① 평등 선거   ② 국정 감사   ③ 조달청   ④ 청와대   ⑤ 비서
⑥ 경호   ⑦ 가결   ⑧ 보상   ⑨ 집무   ⑩ 세금

총 문제 개수 33 개 | 총 맞은 개수 ◯ 개 | 총 틀린 개수 ◯ 개

글을 읽고 나서 오늘 공부를 신나게 시작하자고!

공부 의욕 다지는 글 국어사전에게 물어보세요

국어사전과 친해지세요. 공부가 재미나진답니다.

여러분은 책을 읽다가 모르는 단어가 나오면 어떻게 하나요? "엄마! 이게 무슨 뜻이야?"하고 물어보진 않나요? 앞으로는 엄마에게 묻지 말고 사전에게 물어보세요. 사전을 찾다 보면, 내가 알고 싶었던 단어 말고도 다른 단어들도 자연스럽게 알 수 있어요. 이리저리 뒤적이다 보면 새로운 단어가 눈에 띄게 되고, 그 뜻을 읽어 보게 되니까요.

게다가 사전은 단어의 뜻과 함께 실제로 단어가 쓰이는 문장과 그림까지도 잘 설명하고 있답니다. 국어사전을 찾으면 손과 눈과 머리를 모두 쓰기 때문에, 단어가 더 잘 기억에 남는답니다. 책을 읽을 때는 물론, TV나 신문을 볼 때에도 꼭 국어사전을 옆에 준비하세요.

머리 풀어 주는 퍼즐

도전 시간	걸린 시간
00 분 15 초	분 초

창의사고력 기초 다지기   판단능력 쏙~

별자리에 대한 설명을 잘 읽고 어떤 별자리인지 찾아보세요.

설명
북극성을 중심으로 북두칠성 맞은편에 있는 W자 모양의 별자리이며, 다섯 개의 별로 이루어져 있습니다.

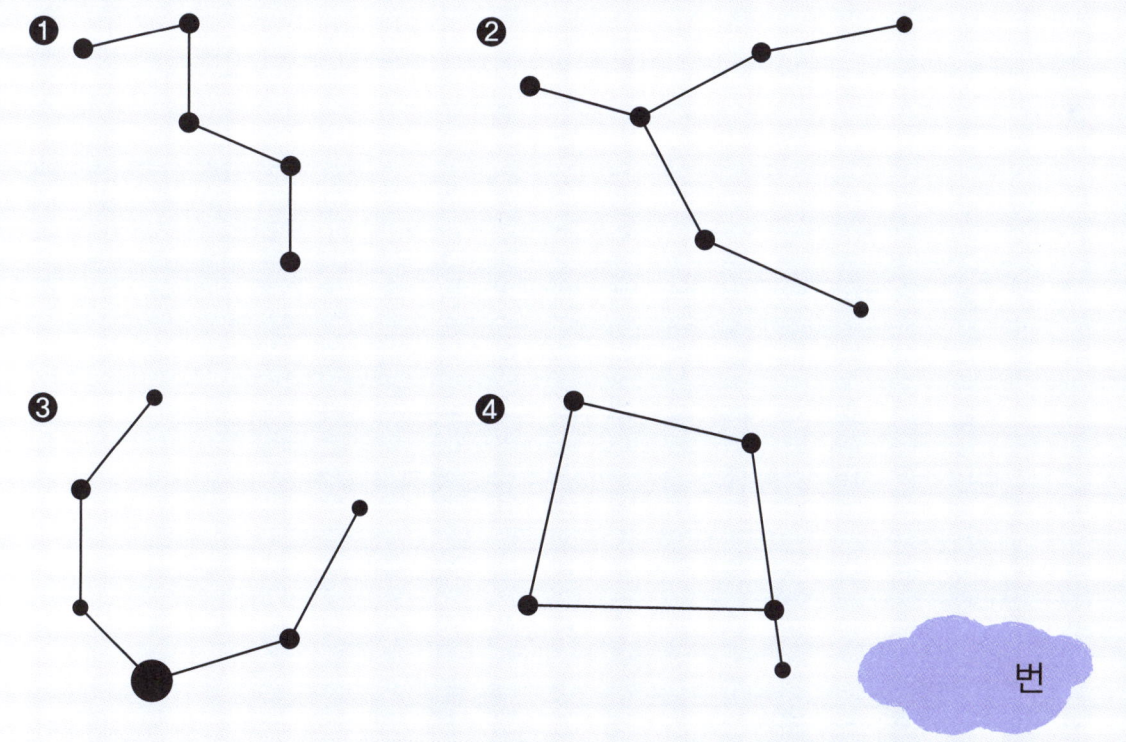

번

날말이 쏙 생각이 쑥

1 가로세로 어휘 찾기

다음 네모에서 알고 있는 어휘를 찾아 동그라미를 해 보세요.

여기서 찾은 어휘로 2~6번 문제를 풀어요!

묘	서	경	천	도	운	동	의	★	팔
청	정	제	위	보	상	평	창	삼	만
중	방	공	음	전	벽	란	도	국	대
교	정	도	감	시	삼	국	유	사	장
무	신	정	변	과	삼	별	초	기	경

내가 찾은 어휘 　　　 개

2 어휘 뜻 알기

다음 설명이나 그림이 뜻하는 어휘가 무엇인지 빈칸을 채워 보세요.

문제 개수 **8** 개

맞은 개수 　　 개

틀린 개수 　　 개

㉮ 고려의 도읍지를 개경에서 서경으로 옮길 것을 요구하며 인종 때 묘청이 일으킨 난 ·············· | 서 | 경 | | | |

㉯ 고려에서 돈, 곡식 등을 백성에게 빌려 주고 그 이자로 운용한 빈민 구제 기관 ·············· | | | 보 |

㉰ 고려·조선 시대에 생활필수품의 물가를 조절하던 기관 ··· | | 창 |

㉱ 고려 시대에 공신과 오품 이상의 관리에게 지급하던 토지 ··· | | 전 |

㉲ 일연이 고구려와 백제, 신라의 역사를 기록한 책 ····· | 삼 | 국 | | |

㉳  | | | 대 | 장 | |

㉴  | 무 | 신 | | |

㉵  | 삼 | | | 기 |

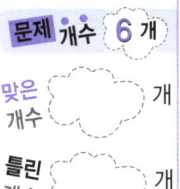

3 비슷한 말 반대말 알기

다음에서 비슷한 뜻끼리 짝지어진 것에는 '='로, 반대의 뜻끼리 짝지어진 것에는 '↔'로 나타내거나, 부호에 알맞게 어휘를 채워 보세요.

문제 개수 **6** 개
맞은 개수 ◯ 개
틀린 개수 ◯ 개

묘청의 난	=	(가)
초기	(나)	말기
감시	(다)	경계

육체	↔	(라)
정방	(마)	차자방
보상	(바)	변상

4 큰 말 작은 말 알기

어휘의 포함관계에 따라 '<' 또는 '>'로 나타내고, 그림의 위치에 알맞게 어휘를 넣어 보세요.

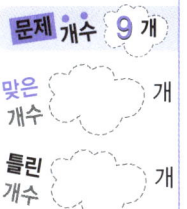
문제 개수 **9** 개
맞은 개수 ◯ 개
틀린 개수 ◯ 개

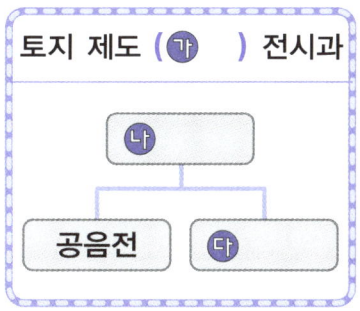
토지 제도 (가) 전시과
나
공음전 ｜ 다

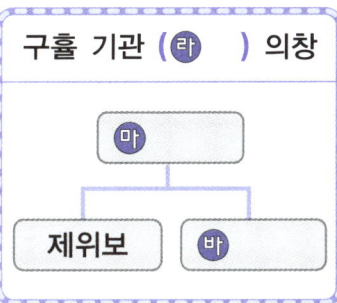
구휼 기관 (라) 의창
마
제위보 ｜ 바

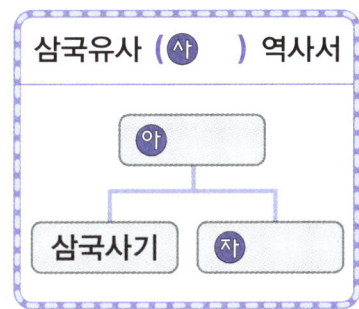
삼국유사 (사) 역사서
아
삼국사기 ｜ 자

5 관용어 알기

짝을 이루는 말을 찾아 동그라미를 하고, 그 말의 뜻을 보기 에서 찾아 번호를 쓰세요.

문제 개수 **4** 개
맞은 개수 ◯ 개
틀린 개수 ◯ 개

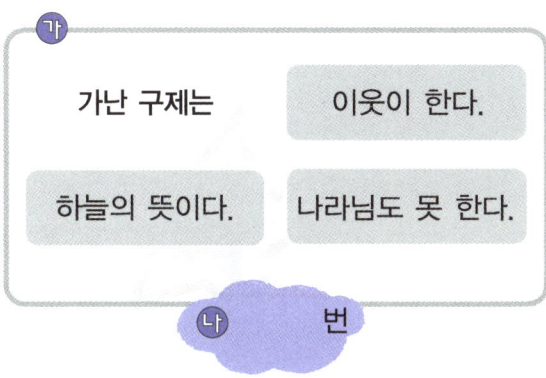
가
가난 구제는 　 이웃이 한다.
하늘의 뜻이다. 　 나라님도 못 한다.
나 번

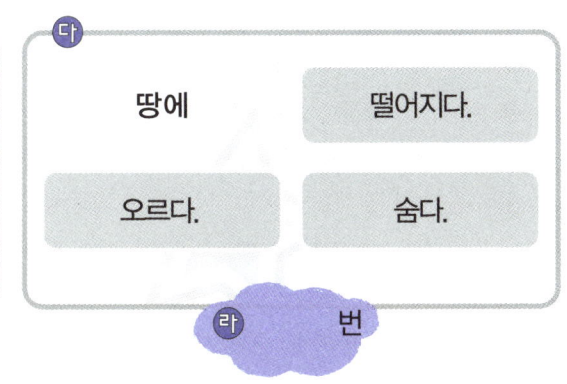
다
땅에 　 떨어지다.
오르다. 　 숨다.
라 번

보기
① 명예나 권위 따위가 회복하기 어려울 정도로 손상되다.
② 가난한 살림을 돕기란 끝이 없어서 나라의 힘으로도 구제하지 못한다는 말
③ 몹시 분하고 애통함을 이르는 말

6  다음 **가**~**마**의 ( )에 알맞은 어휘를 **보기**에서 찾아 번호를 쓰고, **바**의 질문에 답해 보세요.

가 서경의 승려인 ( )은 수도인 개경의 기운이 다했다며 ( )을 주장해.

나 ( )의 제작은 부처님의 힘을 빌려 몽골을 물리치고자 했던 마음이야.

다 평소 문신들에 비해 차별받았던 무신들은 ( )을 통해 권력을 잡게 돼.

라 나라에서 생활필수품을 사들였다가 값이 오르면 물가 조절을 위해 풀던 기관은 ( )이야.

마 고려 조정은 이미 몽골에 항복하였지만 ( )는 끝까지 대항하였다.

바 '땅에 떨어지다.' 를 넣어 짧은 글을 지어 보세요.

→ --

보기
① 제위보 ② 상평창 ③ 공음전 ④ 삼국유사 ⑤ 팔만대장경
⑥ 무신 정변 ⑦ 삼국사기 ⑧ 삼별초 ⑨ 서경 천도 운동 ⑩ 묘청

총 문제 개수 ㉝ 개 ┊ 총 맞은 개수 ◯ 개 ┊ 총 틀린 개수 ◯ 개

상식 쑥쑥 키우는 **7** 웰빙, 웰니스, 로하스의 뜻

'웰빙(well-being)', '웰니스(wellness)', '로하스(LOHAS)' 를 아시나요?

이 세 가지는 건강을 위해 새롭게 생겨난 생활 습관이라는 공통점이 있답니다. 웰빙은 몸과 마음의 균형을 이루면서 행복하고 아름다운 삶을 살려는 것을 말합니다. 웰니스는 웰빙(well-being)과 행복(happiness)이 합쳐진 말로 몸과 마음의 균형은 물론 생활의 행복까지 추구하는 것을 의미한답니다. 즉 웰빙을 위해 입에 맞지 않는 채식이나 몸에 맞지 않는 운동을 억지로 해야 했다면, 웰니스는 마음이 편안한 방법을 선택하도록 한답니다.

로하스는 웰빙을 추구함과 동시에 친환경적인 소비 생활을 함께하는 것을 말한답니다. 로하스를 위해서는 먼저 장바구니를 준비해야 합니다. 환경을 오염시키는 비닐봉지의 사용을 줄이기 위해서는, 천으로 만든 장바구니가 꼭 필요하니까요. 더 나아가 기저귀나 생리대 등도 천으로 만들어 사용해서 일회용품 사용을 줄이기 위해 노력합니다.

도전 시간	걸린 시간 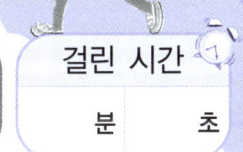
01 분 30 초	분 초

창의사고력 기초 다지기 정보처리능력 쑥~

아래 그림에서 성냥개비를 두 개만 움직여서 정사각형을 두 개 만들려면 어떻게 해야 할까요?

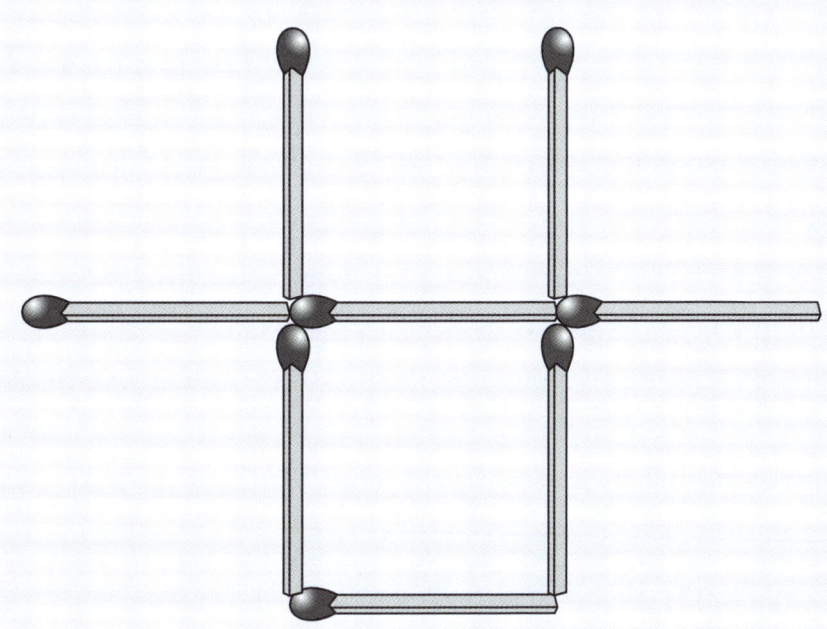

낱말이 쏙 생각이 쑥

1 가로세로 어휘 찾기

다음 네모에서 알고 있는 어휘를 찾아 동그라미를 해 보세요.

여기서 찾은 어휘로 2~6번 문제를 풀어요!

구	부	무	괭	가	상	기	하	학	★
조	작	식	이	동	생	무	요	약	꼴
물	용	쟁	밥	영	명	의	망	루	사
일	석	이	조	상	과	촌	성	곽	납
읍	성	유	전	공	학	주	눅	들	다

내가 찾은 어휘 ⬜ 개

2 어휘 뜻 알기

다음 설명이나 그림이 뜻하는 어휘가 무엇인지 빈칸을 채워 보세요.

문제 개수 8 개

맞은 개수 ⬜ 개

틀린 개수 ⬜ 개

㉮ 도형과 공간의 성질에 대하여 연구하는 학문 ········ ⬜⬜ 학

㉯ 일정한 설계에 따라 여러 가지 재료를 얽어서 만든 물건 ··· ⬜⬜⬜

㉰ 생명에 관계되는 현상을 종합적으로 연구하는 과학 ·· ⬜⬜ 과 학

㉱ 돌 하나로 두 마리 새를 잡는다는 뜻, 동시에 두 가지 이득을 봄

··· ⬜⬜ 이 ⬜

㉲ 부끄럽거나 무섭거나 하여 기를 펴지 못하고 움츠러들다.

··· ⬜⬜ 들 다

㉳
⬜⬜

㉴
⬜⬜ 밥

㉵
⬜⬜

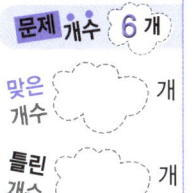

3 비슷한 말 반대말 알기

다음에서 비슷한 뜻끼리 짝지어진 것에는 '='로, 반대의 뜻끼리 짝지어진 것에는 '↔'로 나타내거나, 부호에 알맞게 어휘를 채워 보세요.

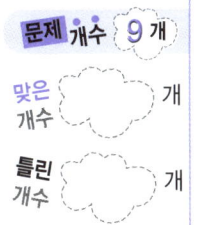

문제 개수 **6** 개

맞은 개수 ⬭ 개

틀린 개수 ⬭ 개

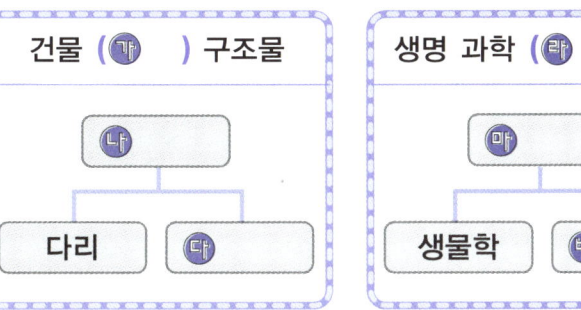

무식꾼	=	(㉮)
가상	(㉯)	현실
조작	(㉰)	날조

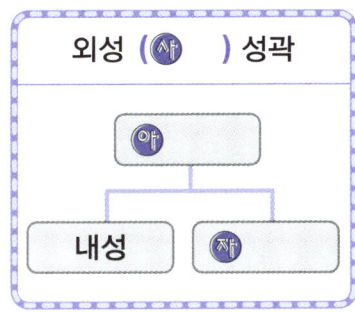

상극	↔	(㉣)
꼴사납다	(㉤)	흉하다
일석이조	(㉥)	일거양득

4 큰 말 작은 말 알기

어휘의 포함관계에 따라 '<' 또는 '>'로 나타내고, 그림의 위치에 알맞게 어휘를 넣어 보세요.

문제 개수 **9** 개

맞은 개수 ⬭ 개

틀린 개수 ⬭ 개

건물 (㉮) 구조물
(㉯)
다리 (㉰)

생명 과학 (㉣) 의학
(㉤)
생물학 (㉥)

외성 (㉦) 성곽
(㉧)
내성 (㉨)

5 관용어 알기

짝을 이루는 말을 찾아 동그라미를 하고, 그 말의 뜻을 보기 에서 찾아 번호를 쓰세요.

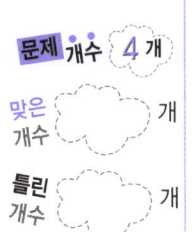

문제 개수 **4** 개

맞은 개수 ⬭ 개

틀린 개수 ⬭ 개

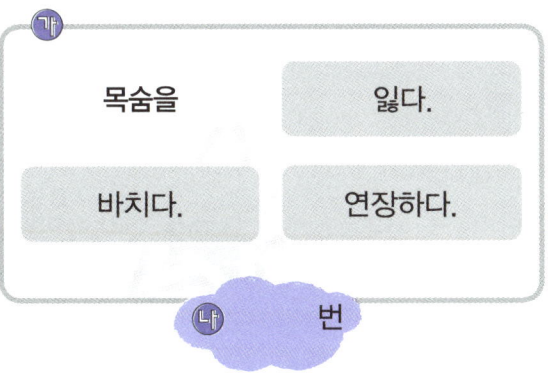

㉮
목숨을   잃다.
바치다.   연장하다.

㉯ ( ) 번

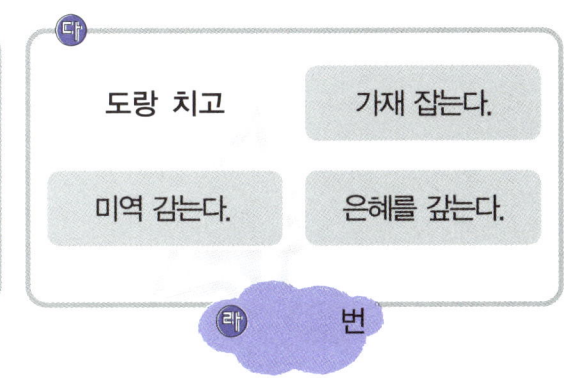

㉰
도랑 치고   가재 잡는다.
미역 감는다.   은혜를 갚는다.

㉣ ( ) 번

보기

① 한 가지 일로 두 가지 이익을 봄을 비유적으로 이르는 말
② 죽을 때까지 배워도 다 배우지 못한다.
③ 어떤 대상을 위하여 생명을 걸고 일하다.

6 어휘 활용하기

다음 가~마의 ( )에 알맞은 어휘를 보기에서 찾아 번호를 쓰고, 바의 질문에 답해 보세요.

문제 개수 **6** 개

맞은 개수 ( ) 개

틀린 개수 ( ) 개

가 저희 사이버 체험관에서는 공룡 시대를 ( )으로 체험할 수 있습니다.

나 약을 먹을 때는 항상 설명서를 읽어 ( )이 없도록 주의해야 한다.

다 이번에 발명한 약은 병은 물론 심리치료를 겸하는 (☆)의 효과가 있습니다.

라 낯선 곳으로 끌려온 아이는 잔뜩 ( )모습으로 눈망울만 굴리고 있었다.

마 실험 결과와 다르게 논문을 ( )한 일부 교수들이 검찰에 구속되었습니다.

바 '목숨을 바치다.'를 넣어 짧은 글을 지어 보세요.

→ _____

보기
① 기하학적   ② 구조물   ③ 생명 과학   ④ 일석이조   ⑤ 주눅든
⑥ 망루   ⑦ 부작용   ⑧ 가상   ⑨ 조작   ⑩ 꼴사나운

총 문제 개수 (33) 개 │ 총 맞은 개수 ( ) 개 │ 총 틀린 개수 ( ) 개

글을 읽고 나서 오늘 공부를 신나게 시작하자고!

마음에 힘이 되는 글

세상에서 가장 멋진 드러머

한 팔로 멋지게 드럼을 치는 연주자를 아시나요?

릭 앨런이 그 주인공이랍니다. 그는 그룹 '데프 레퍼드'에서 드럼을 연주했어요. '데프 레퍼드'는 영국 그룹으로 세계적 인기를 끌었는데, 특히 릭 앨런의 드럼 연주는 유명했어요. 어느 날, 그는 자동차 사고로 한쪽 팔을 잃고 말았어요. 설망에 빠져 있는 그를 한 친구가 찾아왔어요. 친구는 "네가 가장 좋아하는 드럼 없이도 살 수 있겠니?" 하고 물었답니다. 릭 앨런은 생각했어요. '아직은 한 팔이 남아있다.'고 말이에요. 그리고는 날마다 8시간씩 한 팔로 드럼을 쳤답니다. 그 뒤, 그는 무대에서 한 팔로 멋지게 연주를 해냈답니다.

릭 앨런이 한 팔의 드러머로 다시 태어날 수 있었던 까닭은 자신이 무엇을 하고 싶은지를 알고 그것을 얻기 위해 노력했기 때문이에요. 여러분도 자신이 가장 좋아하는 것이 무엇인지 생각해 보세요. 그리고 그것을 얻기 위해 노력을 해 보세요. 불가능한 것도 너끈히 해낼 수 있답니다.

10회

머리 풀어 주는 퍼즐

공부를 시작할 때도 준비운동이 필요하다고! 하나둘 하나둘

창의사고력 기초 다지기   계산능력 쑥~

길이가 10cm인 양초가 있어요. 한 시간 뒤에 길이를 재 보니 처음 길이보다 2cm가 줄어들었어요. 이렇게 줄어든 양초를 두 시간 뒤에 다시 재 보면 몇 cm일까요?

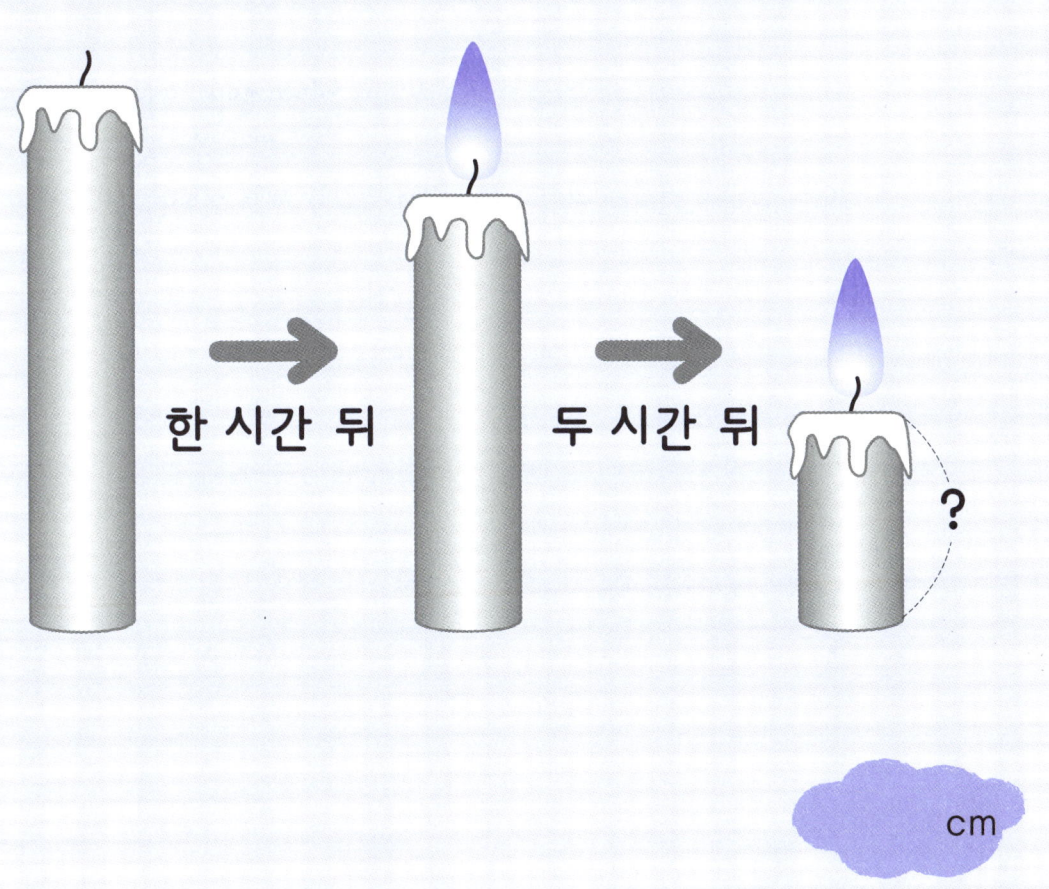

한 시간 뒤   두 시간 뒤   ?

cm

낱말이 쏙 생각이 쑥

1 가로세로 어휘 찾기

다음 네모에서 알고 있는 어휘를 찾아 동그라미를 해 보세요.

여기서 찾은 어휘로 2~6번 문제를 풀어요!

분	생	태	계	상	호	작	용	매	연
해	물	먹	이	사	슬	열	대	우	림
자	먹	이	피	라	미	드	농	약	기
평	조	연	온	실	효	과	도	폐	형
형	절	쇄	미	나	마	타	병	수	아

내가 찾은 어휘 　　개

2 어휘 뜻 알기

다음 설명이나 그림이 뜻하는 어휘가 무엇인지 빈칸을 채워 보세요.

문제 개수 8 개

맞은 개수 　　개
틀린 개수 　　개

㉮ 일정한 지역이나 환경에서 생물들이 서로 적응하고 관계를 맺으며 균형과 조화를 이루는 자연 세계 ·················· □□□

㉯ 서로 영향을 끼치고 받는 관계 ·················· □□ 작 용

㉰ 대기가 빛은 받아들이고 열은 내보내지 않아 온실과 같은 작용을 하는 것
·················· □□ 효 과

㉱ 기온이 높고 비가 많은 열대 지방에서 발달하는 삼림 ·· □□□

㉲ 수온이 어패류에 농축되었을 때 이 어패류를 사람이 섭취하여 일으키는 중독
□□□□ 병

㉳

먹 이 □□□

㉴

□□

㉵

□□ 아

3 비슷한 말 반대말 알기

다음에서 비슷한 뜻끼리 짝지어진 것에는 '='로, 반대의 뜻끼리 짝지어진 것에는 '↔'로 나타내거나, 부호에 알맞게 어휘를 채워 보세요.

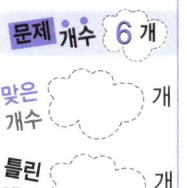
그을음 연기	=	(가)
먹이 사슬	(나)	먹이 연쇄
용매	(다)	용질

무생물	↔	(라)
평형	(마)	균형
조절	(바)	조정

4 큰 말 작은 말 알기

어휘의 포함관계에 따라 '<' 또는 '>'로 나타내고, 그림의 위치에 알맞게 어휘를 넣어 보세요.

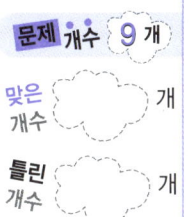
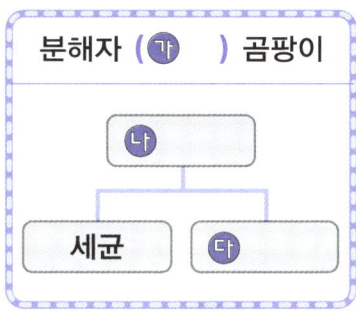

분해자 (가) 곰팡이
나
세균 　 다

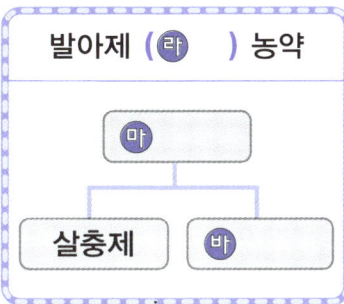

발아제 (라) 농약
마
살충제 　 바

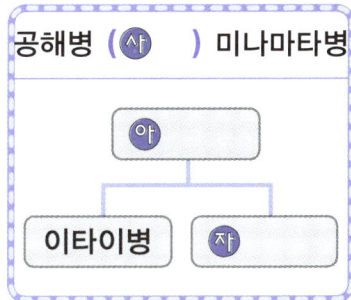

공해병 (사) 미나마타병
아
이타이병 　 자

5 관용어 알기

짝을 이루는 말을 찾아 동그라미를 하고, 그 말의 뜻을 보기 에서 찾아 번호를 쓰세요.

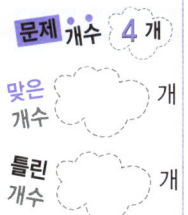
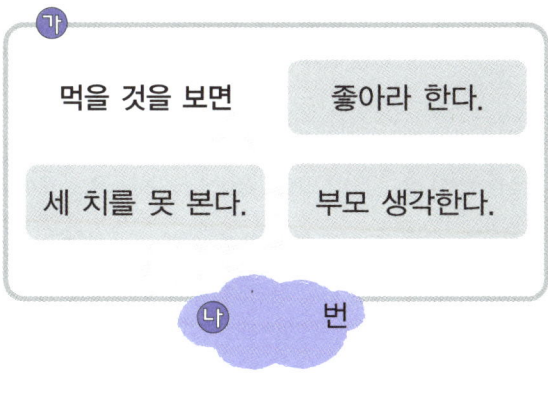

가
먹을 것을 보면 　 좋아라 한다.
세 치를 못 본다. 　 부모 생각한다.
나 번

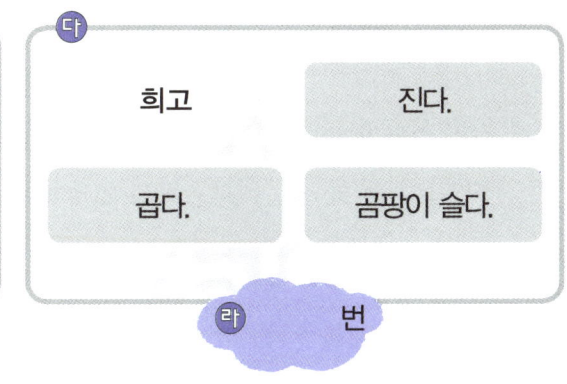

다
희고 　 진다.
곱다. 　 곰팡이 슬다.
라 번

보기

① 먹을 것을 눈앞에 두고는 다른 생각은 조금도 못하고 만다는 말
② 말이나 행동이 몹시 희떱고 실속이 없다.
③ 뜻밖에 이익이 생기다.

6 어휘 활용하기

다음 **가** ~ **마**의 ( )에 알맞은 어휘를 보기 에서 찾아 번호를 쓰고, **바**의 질문에 답해 보세요.

가 죽은 동물들은 ( )에 의해 다시 자연으로 돌아가게 된다.

나 ( )에서 동물들은 서로 먹고 먹히는 ( )을 맺으며 살아가고 있다.

다 ( )의 아래쪽은 생산자들로 그 수가 소비자들에 비해 많다.

라 논과 밭에 뿌리는 ( )이 토양과 수질을 오염시키고 있다.

마 방사능이 유출된 지역에서 많은 아이들이 ( )로 태어났다.

바 '평형'을 넣어 짧은 글을 지어 보세요.

→ _____

보기

① 생태계 ② 상호작용 ③ 열대우림 ④ 먹이 피라미드 ⑤ 매연
⑥ 기형아 ⑦ 분해자 ⑧ 농약 ⑨ 평형 ⑩ 조절

총 문제 개수 **33** 개 : 총 맞은 개수 ( ) 개 : 총 틀린 개수 ( ) 개

생각하고 되새기는 논술

'대기만성'의 유래

큰 그릇을 만드는 데 시간이 오래 걸린다는 뜻의 '대기만성(大器晚成)'은 다른 사람보다 뛰어나서 크게 될 사람은 늦게 이루어진다는 의미로, 위나라의 최염과 최림에 관한 이야기가 전해 온답니다.

최염은 풍채가 좋기로 유명했답니다. 사람들은 그를 보면서, 당연히 장군감이라고 생각했지요. 그에게는 사촌 동생 최림이 있었는데, 최염과 달리 모습이 아주 초라했답니다. 사람들은 풍채가 좋은 최염과 비교하면서, 최림은 외모 때문에 성공하지 못할 거라고 놀렸지요. 하지만 최염은 그렇게 생각하지 않았답니다. 최림의 사람됨이 남달랐거든요.

어느 날 최염이 최림에게 말했습니다.

"아우님. 원래 큰 종이나 솥은 쉽게 만들어지지 않는다네. 아주 오랜 시간이 걸리는 게 당연하지. 두고 보게. 자네는 아주 큰 그릇이 될 테니까 말이야."

세월이 지나 최림은 황제를 보좌하는 중요한 신하가 되었답니다.

머리 풀어 주는 퍼즐

도전 시간	걸린 시간
00 분 30 초	분 초

창의사고력 기초 다지기 주의집중력 쑥~

철호와 은희는 오목 놀이를 하고 있어요. 철호가 검은 돌을 어디에 두면 이길 수 있을까요?

규칙

1. 오목 놀이는 검은 돌과 흰 돌은 번갈아 두는 놀이에요.
2. 같은 색깔의 돌이 가로든 세로든 대각선이든 연속 5개가 이어지면 이길 수 있어요.

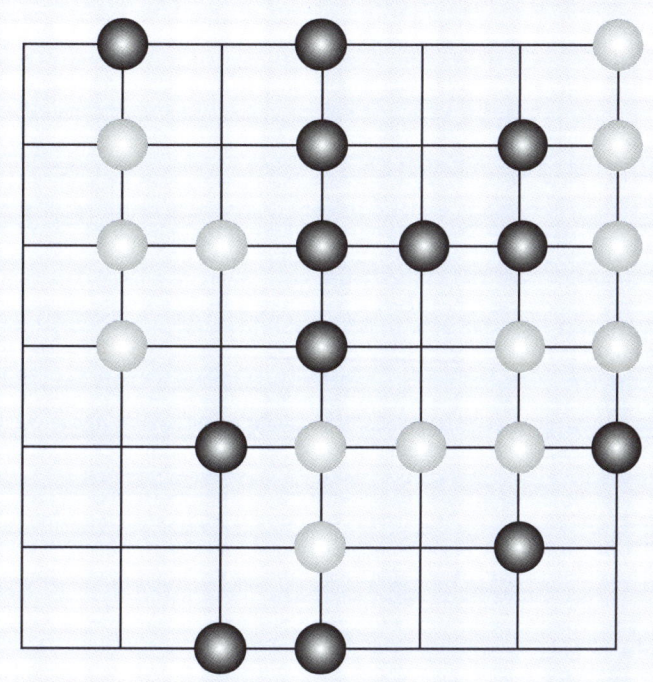

도전시간 13 분 00 초 걸린시간 분 초

1 가로세로 어휘 찾기

다음 네모에서 알고 있는 어휘를 찾아 동그라미를 해 보세요.

여기서 찾은 어휘로 2~6번 문제를 풀어요!

조	약	검	사	★	변	호	사	증	인
긴	기	본	권	헌	장	판	교	병	★
밀	고	피	대	법	원	사	육	무	기
히	원	고	★	무	배	검	찰	청	상
외	교	통	상	부	당	★	통	계	청

내가 찾은 어휘 ___ 개

2 어휘 뜻 알기

다음 설명이나 그림이 뜻하는 어휘가 무엇인지 빈칸을 채워 보세요.

문제 개수 8 개

맞은 개수 ___ 개

틀린 개수 ___ 개

가 권리, 의무, 조건 따위를 기록한 여러 나라들 사이의 약속 ······ ☐ ☐

나 법원에 민사 소송을 제기한 사람 ················· ☐ ☐

다 행정부, 국회와 같은 권한을 가지며 사건에 대한 심판을 마지막으로 하는 최고의 법원 ················· ☐ ☐ 원

라 외교적 일을 맡아보는 행정 기관 ········· ☐ ☐ ☐ 부

마 군인들의 징집, 소집 따위의 병무 행정에 관한 일을 맡아보는 행정 기관 ················· ☐ ☐ 청

바  ☐ ☐ 사

사  ☐ 사

아  ☐ 법

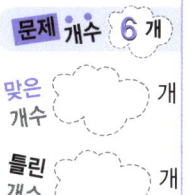

3 비슷한 말 반대말 알기

다음에서 비슷한 뜻끼리 짝지어진 것에는 '='로, 반대의 뜻끼리 짝지어진 것에는 '↔'로 나타내거나, 부호에 알맞게 어휘를 채워 보세요.

문제 개수 6 개

맞은 개수 ⬚ 개

틀린 개수 ⬚ 개

원고	↔	(가)
무기	(나)	병기
부당	(다)	정당

공교육	↔	(라)
기고	(마)	투고
배당	(바)	분배

4 큰 말 작은 말 알기

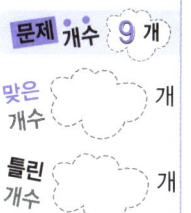

어휘의 포함관계에 따라 '<' 또는 '>'로 나타내고, 그림의 위치에 알맞게 어휘를 넣어 보세요.

문제 개수 9 개

맞은 개수 ⬚ 개

틀린 개수 ⬚ 개

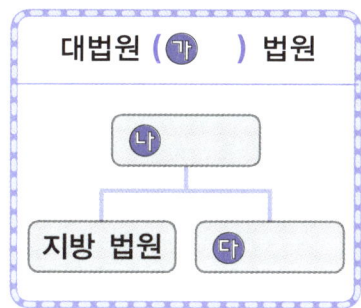

대법원 (가) 법원

나

지방 법원 / 다

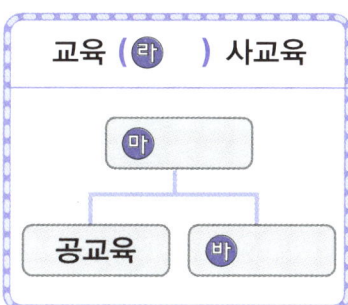

교육 (라) 사교육

마

공교육 / 바

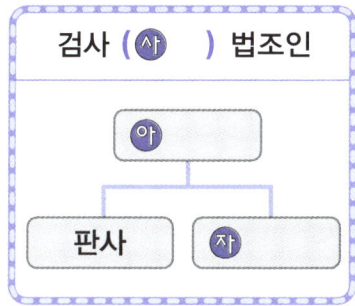

검사 (샤) 법조인

아

판사 / 자

5 관용어 알기

문제 개수 4 개

맞은 개수 ⬚ 개

틀린 개수 ⬚ 개

짝을 이루는 말을 찾아 동그라미를 하고, 그 말의 뜻을 [보기]에서 찾아 번호를 쓰세요.

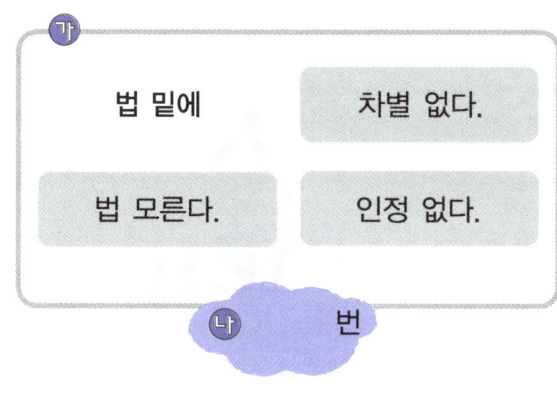

가

법 밑에 / 차별 없다.

법 모른다. / 인정 없다.

나 번

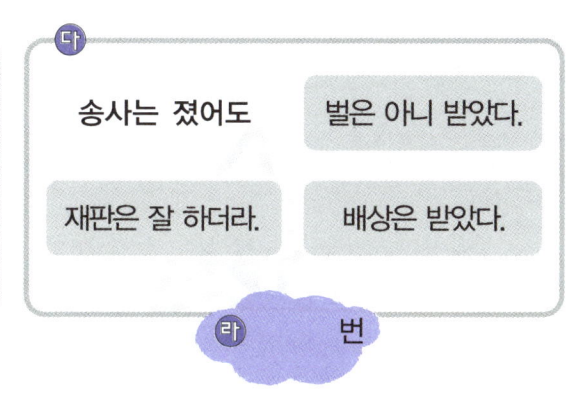

다

송사는 졌어도 / 벌은 아니 받았다.

재판은 잘 하더라. / 배상은 받았다.

라 번

[보기]

① 자신과 상관없는 일에 쓸데없이 참견하는 경우를 비꼬는 말
② 자기에게 가까워 가장 잘 알고 있을 법한 일을 모르고 있는 경우
③ 다투다가 비록 지기는 했으나 판결이 공평하여 조금도 억울하지 않음을 이르는 말

6 어휘 활용하기

다음 ㉮ ~ ㉲ 의 ( )에 알맞은 어휘를 보기 에서 찾아 번호를 쓰고, ㉳ 의 질문에 답해 보세요.

문제 개수 **6** 개

맞은 개수 ⬜ 개

틀린 개수 ⬜ 개

㉮ 재판부는 ( )에게 징역 3년과 집행 유예 1년을 선고합니다.

㉯ 대학생인 사촌 오빠에게 ( )에서 군대에 가라는 징집영장을 보내왔다.

㉰ 작전을 성공하기 위해서는 공군과 해군의 협조가 ( ) 이루어져야 합니다.

㉱ 우리나라와 중국이 환경에 관한 ( )을 체결했습니다.

㉲ 피고의 억울함을 밝히기 위해 ( )는 법정에서 증인을 요청했다.

㉳ '변장' 을 넣어 짧은 글을 지어 보세요.

→ --

보기
① 조약   ② 외교통상부   ③ 병무청   ④ 변호사   ⑤ 판사
⑥ 피고   ⑦ 긴밀히   ⑧ 기고   ⑨ 변장   ⑩ 배당

총 문제 개수 ㉝ 개   총 맞은 개수 ◯ 개   총 틀린 개수 ◯ 개

공부 의욕 다지는 쉼 좋아하는 과목부터 공부해요

글을 읽고 나서 오늘 공부를 신나게 시작하자고!

세상에서 가장 듣기 싫은 소리가 무엇일까요? 아마도 "공부해!"일 거예요. 공부하려고 마음을 먹었다가도 엄마의 '공부해' 란 말 한마디에 그 마음이 싹 사라지니까 말이에요.

하지만 공부를 하지 않을 수도 없으니 하루 30분씩 공부에게 시간을 내주면 어떨까요? 맨 처음엔 가장 좋아하는 과목부터 시작해 보는 거예요. 싫은 과목을 하다 보면 30분이 3시간처럼 느껴질 수 있지만, 좋아하는 과목은 금세 시간이 지나갈 테니 말이에요.

이렇게 국어나 수학 등 좋아하는 과목을 날마다 꾸준히 30분씩 하다 보면, '오늘은 10분만 더 해볼까? 하는 생각이 들 수도 있어요. 왜냐하면 좋아하는 과목이니까요. 책상 앞에 앉아 있는 시간이 늘면, 자연스럽게 싫어하는 과목도 공부하게 된답니다.

여러분도 오늘부터 해 보세요. 좋아하는 과목에게 30분씩 시간을 내주세요.

머리 풀어 주는 퍼즐

도전 시간	걸린 시간
00 분 30 초	분 초

창의사고력 기초 다지기 연상추리력 쑥~

여섯 면에 각각 1부터 6까지 숫자가 쓰인 연필이 있어요. 이 연필을 굴렸을 때 찍은 사진 세 장을 보고, **?**안에 들어갈 숫자가 무엇인지 알아보세요.

보기

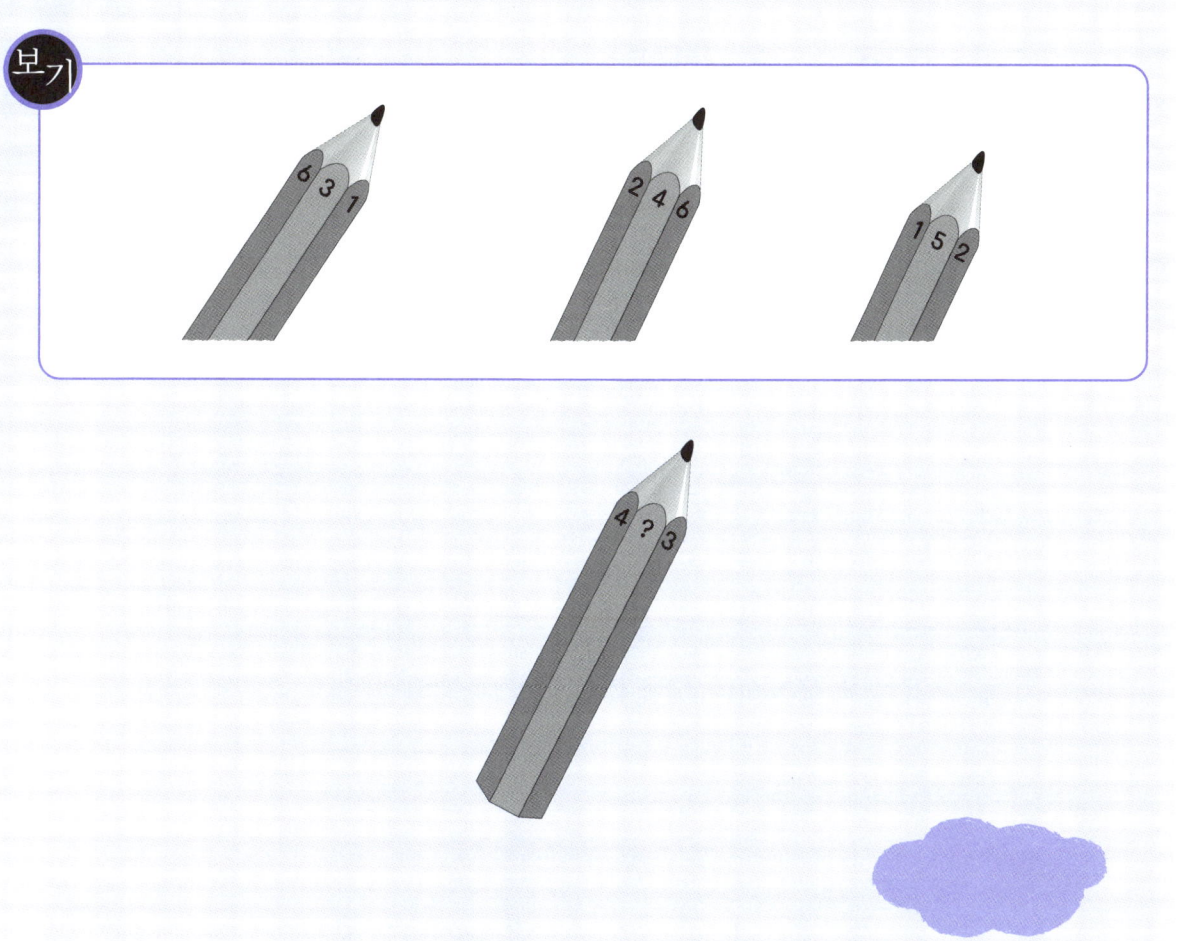

날말이 쏙 생각이 쑤

1 가로세로 어휘 찾기

다음 네모에서 알고 있는 어휘를 찾아 동그라미를 해 보세요.

여기서 찾은 어휘로 2~6번 문제를 풀어요!

정	원	나	라	홍	건	적	화	과	위
동	몽	고	려	양	목	만	통	전	화
행	골	문	익	점	화	권	도	법	도
성	풍	권	문	세	족	당	감	투	회
고	려	청	자	신	진	사	대	부	군

내가 찾은 어휘 　 개

2 어휘 뜻 알기

다음 설명이나 그림이 뜻하는 어휘가 무엇인지 빈칸을 채워 보세요.

문제 개수 **8** 개
맞은 개수 　 개
틀린 개수 　 개

㉮ 고려 후기 유행했던 몽골의 풍속 ······ □ □ 풍

㉯ 원나라가 일본 정벌을 위해 개경에 세웠던 관아 ····· □ 동

㉰ 고려 때, 화약과 화통을 만드는 일을 맡아 하던 임시 관아
······ □ □ 도 □

㉱ 고려 후기의 권력가. 벼슬이 높고 권세가 있는 집안·· 권 □ □

㉲ 고려 말에 등장하여 체제를 개혁하고 조신 건국을 주노한 관료
······ 신 진 □ □ 부

㉳ 고 려 □ □

㉴ □ □

㉵ □ □

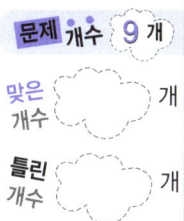

3 비슷한 말 반대말 알기

다음에서 비슷한 뜻끼리 짝지어진 것에는 '='로, 반대의 뜻끼리 짝지어진 것에는 '↔'로 나타내거나, 부호에 알맞게 어휘를 채워 보세요.

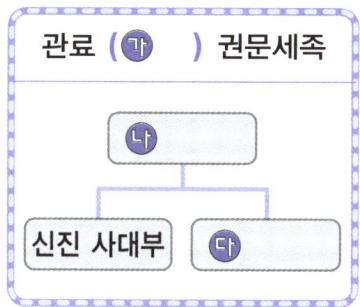

원나라	=	(가)
권문세족	(나)	권문세가
문자	(다)	음성

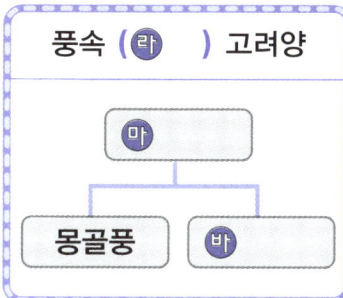

면화	=	(라)
정동행성	(마)	정동행중서성
법도	(바)	예법

4 큰 말 작은 말 알기

어휘의 포함관계에 따라 '<' 또는 '>'로 나타내고, 그림의 위치에 알맞게 어휘를 넣어 보세요.

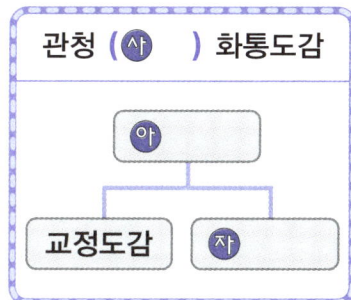

관료 (가) 권문세족
나
신진 사대부 / 다

풍속 (라) 고려양
마
몽골풍 / 바

관청 (사) 화통도감
아
교정도감 / 자

5 관용어 알기

짝을 이루는 말을 찾아 동그라미를 하고, 그 말의 뜻을 보기 에서 찾아 번호를 쓰세요.

가
감투를 / 만들다. / 벗다. / 쓰다.
(나) 번

다
화약을 지고 / 산으로 들어간다. / 물로 들어간다. / 불로 들어간다.
(라) 번

보기

① 자기 스스로 위험한 곳으로 찾아 들어간다는 말
② 어떤 사물의 내용을 어느 정도 자신 있게 짐작할 수 있음
③ 벼슬자리나 높은 지위에 오름을 속되게 이르는 말

다음 ㉮ ~ ㉲의 ( )에 알맞은 어휘를 보기에서 찾아 번호를 쓰고, ㉳의 질문에 답해 보세요.

㉮ 문익점이 들여온 ( )는 고려 백성들이 옷을 짜는 데 널리 사용되었다.

㉯ 몽골을 등에 업고 권력을 행사하던 ( )들은 대농장을 소유하였다.

㉰ ( )의 영향으로 고려 남자들 가운데 변발을 한 사람도 있었다.

㉱ 예로부터 우리 집안은 ( ) 있는 집안으로 예의범절을 중요시했다.

㉲ 일본 정벌을 위해 만들어진 ( )은 뒤에 고려의 내정을 간섭했다.

㉳ '화약을 지고 불로 들어간다.' 는 어떤 경우에 쓰는 말인지 써 보세요.

→ _____

보기
① 권문세족 ② 화통도감 ③ 정동행성 ④ 몽골풍 ⑤ 고려청자
⑥ 목화 ⑦ 감투 ⑧ 법도 ⑨ 고려양 ⑩ 만권당

총 문제 개수 (33) 개 | 총 맞은 개수 ( ) 개 | 총 틀린 개수 ( ) 개

상식 쑥쑥 키우는

샤워효과와 분수효과

글을 읽고 나서 오늘 공부를 신나게 시작하자고!

백화점 맨 위층에 식당이 있는 이유가 뭘까요?

사람들의 이동을 고려하여 더 많은 쇼핑을 하도록 유도하기 위한 장치랍니다. 먼저, 위층에서 아래층으로 이농을 생각한 샤워 효과가 있어요. 샤워할 때 물이 아래로 흘러내리는 것처럼 사람들이 아래층으로 이동하면서 쇼핑하도록 만드는 거지요.

반대로 분수 효과도 있어요. 물이 아래에서 위로 솟아오르듯이 사람들이 에스컬레이터를 타고 한 층씩 위로 이동하면서 매장을 돌아보도록 유도해서 물건을 사도록 만드는 거랍니다. 백화점의 샤워 효과와 분수 효과에 넘어가지 않으려면 쇼핑 목록을 꼭 만드세요. 목록에 없는 물건을 파는 층은 그냥 물 흐르듯 지나치게 될 테니까 말이에요.

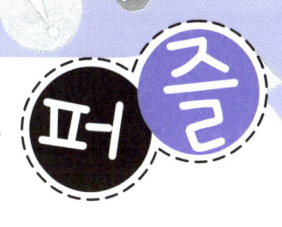

13회 머리 풀어 주는 퍼즐

도전 시간	
00 분	20 초

걸린 시간	
분	초

창의사고력 기초 다지기 판단 능력 쑥~

크기가 같은 삼각형 세 개로 보기와 같이 자유롭게 도형을 만들 수 있어요. 이 삼각형 세 개로 만들 수 없는 도형은 무엇인가요?

보기

❶

❷

❸

❹

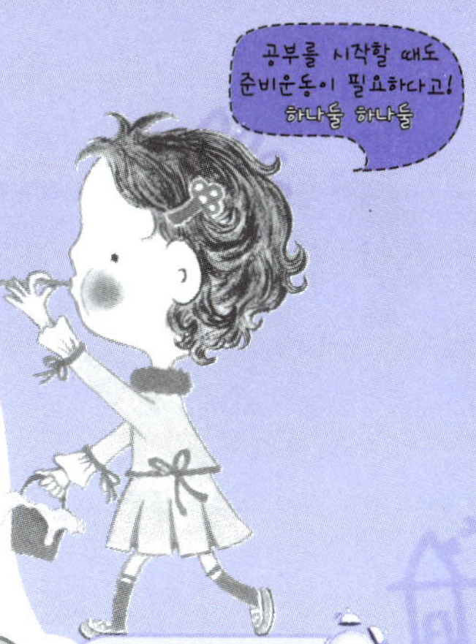

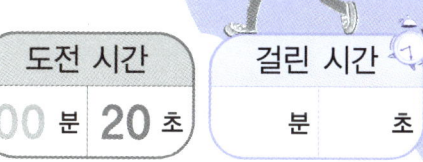

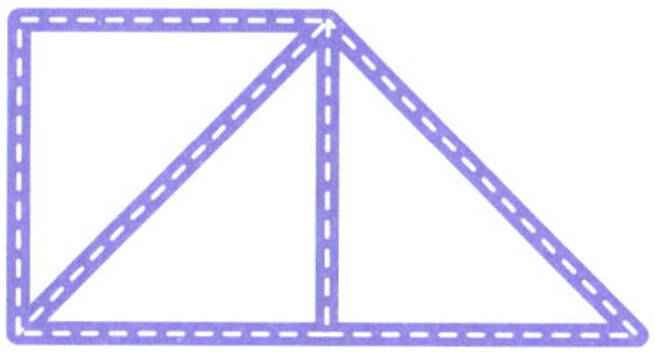

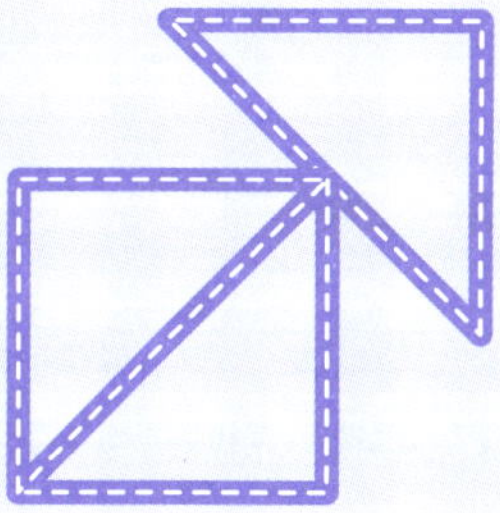

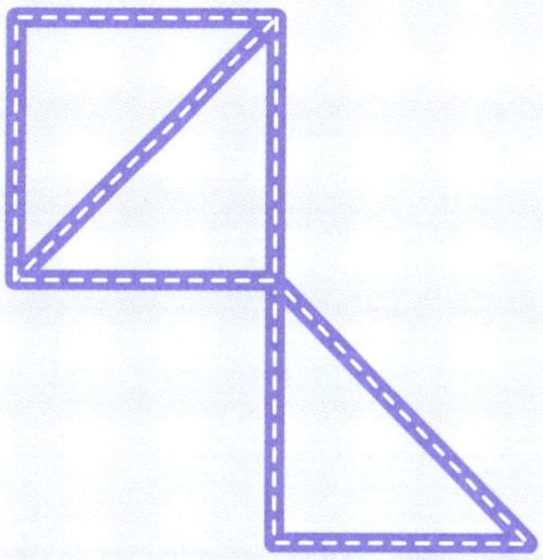

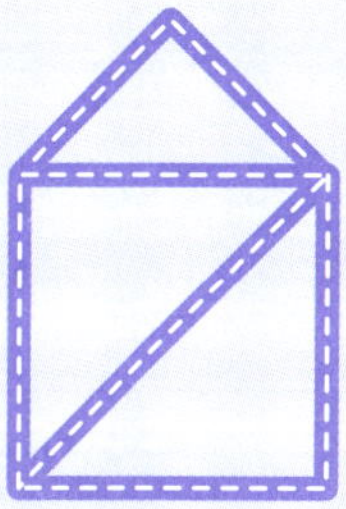

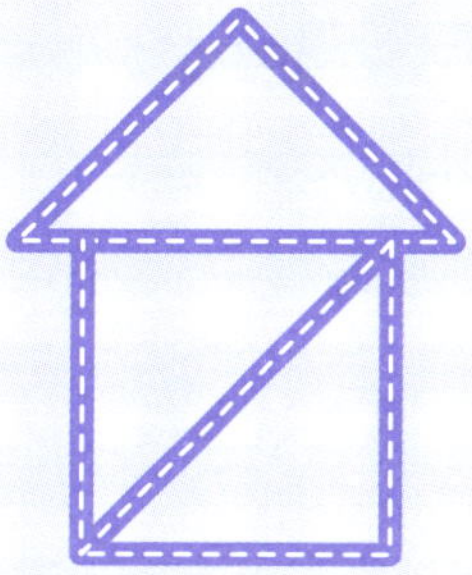

번

낱말이 쏙 생각이 쑥

1 가로세로 어휘 찾기

다음 네모에서 알고 있는 어휘를 찾아 동그라미를 해 보세요.

여기서 찾은 어휘로 2~6번 문제를 풀어요!

유	전	문	의	심	지	어	름	천	무
추	원	나	선	겨	드	랑	이	문	궁
정	격	현	존	광	줄	행	랑	학	무
밀	반	도	체	년	은	운	석	자	진
봉	생	산	공	정	하	정	교	하	다

내가 찾은 어휘 　　개

2 어휘 뜻 알기

다음 설명이나 그림이 뜻하는 어휘가 무엇인지 빈칸을 채워 보세요.

문제 개수 8 개

맞은 개수 　개

틀린 개수 　개

㉮ 의학의 일정한 분과를 전문으로 하는 의사 ･･･････ ☐ ☐ 의

㉯ 끝이 없고 다함이 없음 ････････････････ ☐ 궁 ☐

㉰ 원료나 재료로부터 제품이 완성되기까지 행하여지는 모든 과정
････････････････････ 생 산 ☐

㉱ 전자 기구에서 중요하게 쓰이는 재료로 전기를 통하는 전도가 도체와 부도체의 중간쯤 되는 물질 ･･････ ☐ ☐ ☐

㉲ 두 물건이 맞닿는 자리 또는 시간이나 장소의 일정한 테두리 안 ･･ ☐ ☐

㉳
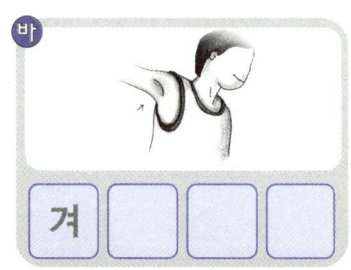
겨 ☐ ☐ ☐

㉴

나 ☐

㉵
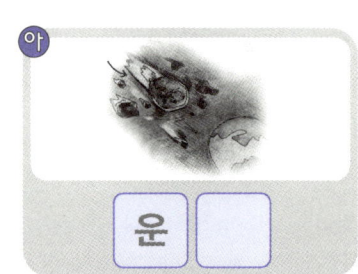
운 ☐

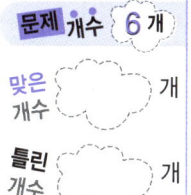

3 비슷한 말 반대말 알기

다음에서 비슷한 뜻끼리 짝지어진 것에는 '＝'로, 반대의 뜻끼리 짝지어진 것에는 '↔'로 나타내거나, 부호에 알맞게 어휘를 채워 보세요.

실존	＝	(개)
행운	(나)	액운
줄행랑	(다)	도망

유한	↔	(라)
심지어	(마)	하물며
유추	(바)	추리

4 큰 말 작은 말 알기

어휘의 포함관계에 따라 '＜' 또는 '＞'로 나타내고, 그림의 위치에 알맞게 어휘를 넣어 보세요.

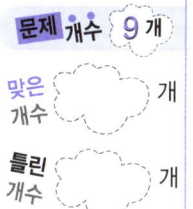

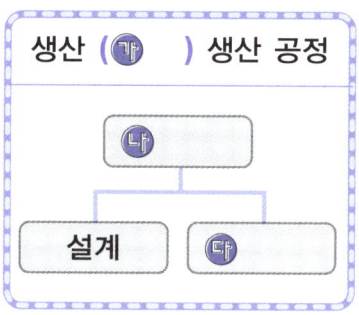

생산 (개) 생산 공정
나
설계 — 다

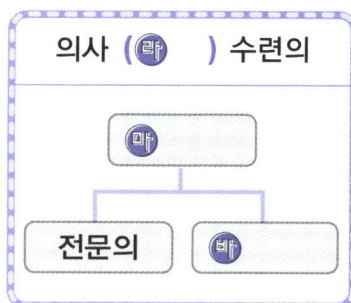

의사 (라) 수련의
마
전문의 — 바

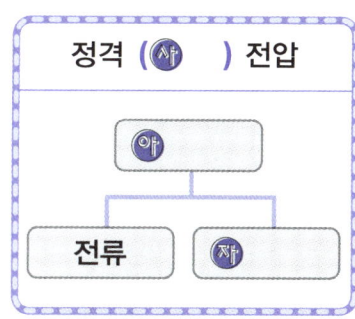

정격 (사) 전압
아
전류 — 자

5 관용어 알기

짝을 이루는 말을 찾아 동그라미를 하고, 그 말의 뜻을 보기 에서 찾아 번호를 쓰세요.

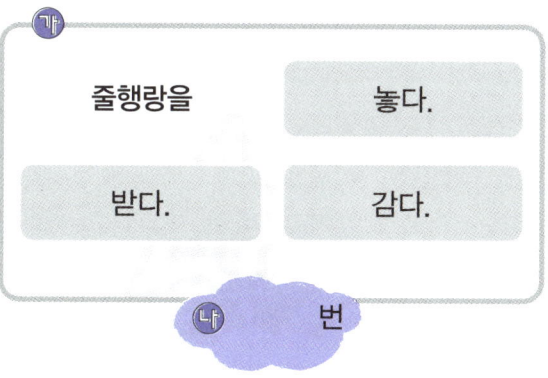

개
줄행랑을 / 놓다.
받다. / 감다.
나 번

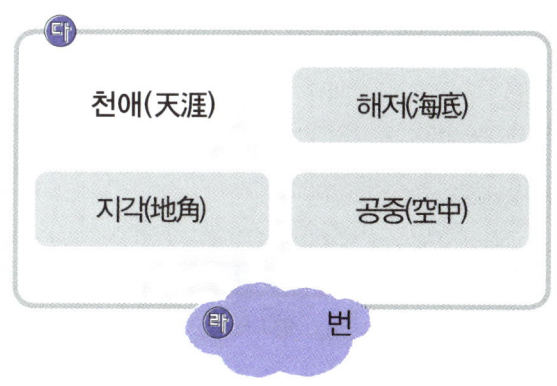

다
천애(天涯) / 해저(海底)
지각(地角) / 공중(空中)
라 번

보기

① 낌새를 채고 피하여 달아나다.
② 하늘의 끝이 닿은 곳과 땅의 한 귀퉁이라는 뜻으로, 서로 멀리 떨어져 있음
③ 여러 가지로 생각하여 헤아림

다음 ㉮ ~ ㉲ 의 ( )에 알맞은 어휘를 보기 에서 찾아 번호를 쓰고, ㉳ 의 질문에 답해 보세요.

㉮ 이 조각 작품은 마치 살아있는 사람처럼 (   ).

㉯ 청소를 하기 싫었던 민수는 수업이 끝나자마자 바로 (   )을 쳐 버렸다.

㉰ 지리산은 전라도와 충청도, 경상도 (   )에 있다.

㉱ 무구정광대다라니경은 (   )하는 가장 오래된 목판 인쇄물이다.

㉲ 반도체는 재료부터 생산에 이르는 모든 (   )에서 청결을 중요시한다.

㉳ '천애지각(天涯地角)' 은 어떤 경우에 쓰는 말인지 써 보세요.

➡ _____

보기
① 의심　　② 어름　　③ 현존　　④ 줄행랑　　⑤ 행운
⑥ 생산 공정　　⑦ 전문의　　⑧ 겨드랑이　　⑨ 정교하다　　⑩ 반도체

총 문제 개수 **33** 개　　총 맞은 개수 ◯ 개　　총 틀린 개수 ◯ 개

마음에 힘이 되는 글

글을 읽고 나서 오늘 공부를 신나게 시작하자고!

떡갈나무 학교

　　에티오피아에는 나무 아래에서 수업을 하는 학교가 있어요. 바로 '떡갈나무 학교' 랍니다.
　　이 학교를 처음 만든 사람은 아스포우 예미루예요. 그는 아홉 살때 길에 버려져서 남의 집에서 심부름을 하거나 거리에서 생활을 하며 자라났답니다. 어느 날 예미루가 일하던 집 아저씨가 '바람과 함께 사라시다' 라는 책을 가져오라고 했어요. 글을 모르는 예미루는 너무 난감해서 아무 책이나 가져다 주었지요. 아저씨는 "이 바보 같은 녀석! 엉뚱한 책이나 가져오다니 말이야!"하며 꾸중을 했답니다. 그 뒤 아스포우 예미루는 글을 배우기로 마음을 먹었어요. 글을 모르면 다른 사람에게 무시를 당하는 것은 물론, 미래가 없다는 것을 깨달았거든요. 열네 살 되던 해부터, 그는 떡갈나무 아래에서 어린이들에게 글을 가르치기 시작했답니다. 글을 익혀야 밝은 미래를 열 수 있기 때문이지요.
　　'지식'은 미래를 여는 열쇠로 여러 사람이 함께 나눌 수 있어 더욱 값지답니다. 여러분도 더욱 많은 지식을 쌓아 보세요. 그리고 친구들과 함께 나누어 보세요.

머리 풀어 주는 퍼즐

창의사고력 기초 다지기   정보처리능력 쏙~
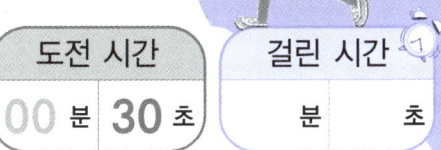

다음 숫자들은 일정한 규칙에 따라 배열되어 있어요. 빠진 숫자가 무엇일까요?

보기

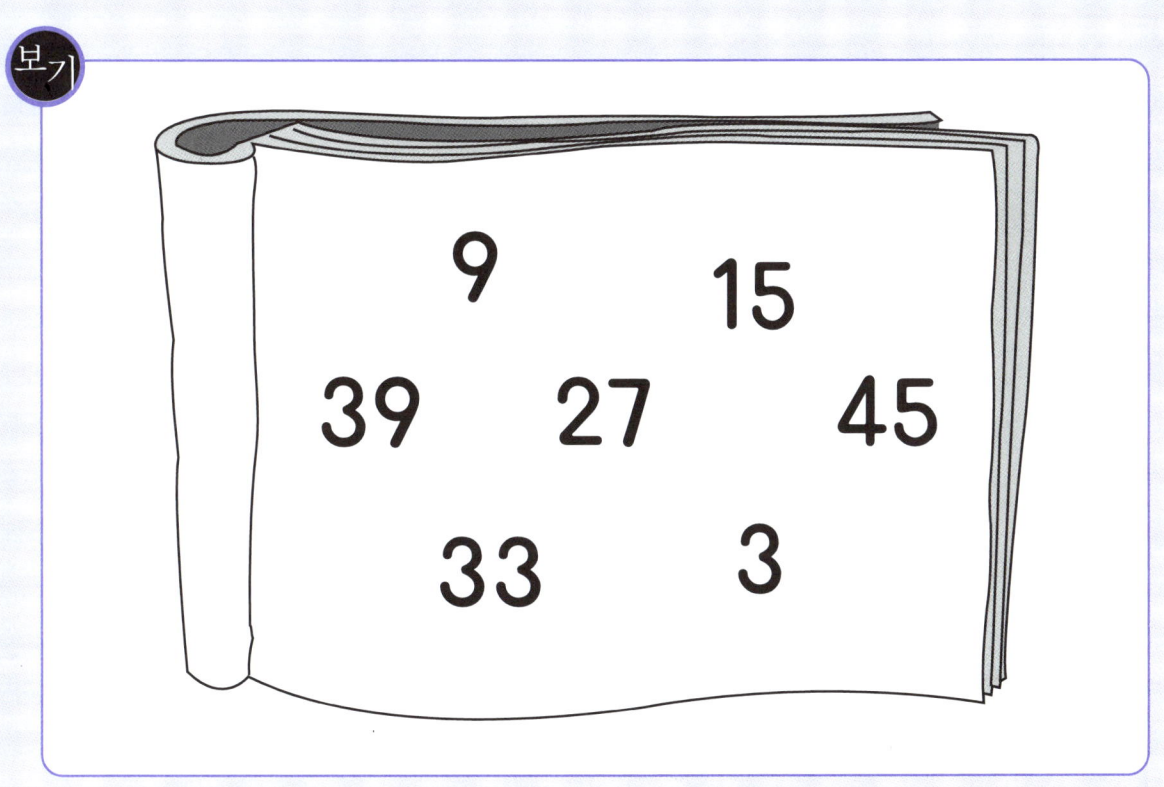

도전시간 **8 분 40 초** 걸린시간 □ 분 □ 초

1 가로세로 어휘 찾기

다음 네모에서 알고 있는 어휘를 찾아 동그라미를 해 보세요.

여기서 찾은 어휘로 2~6번 문제를 풀어요!

토	정	북	반	구	병	충	해	자	생
양	화	고	도	해	돌	이	적	전	체
평	균	기	온	넘	★	위	도	축	시
산	오	존	층	이	남	중	고	도	계
림	협	약	멸	종	교	토	의	정	서

내가 찾은 어휘 ☁ 개

2 어휘 뜻 알기

다음 설명이나 그림이 뜻하는 어휘가 무엇인지 빈칸을 채워 보세요.

문제 개수 **8** 개

맞은 개수 ☁ 개
틀린 개수 ☁ 개

㉮ 오존을 많이 포함하고 있는 대기층 ·············· □ □ □

㉯ 농작물이 병과 해충으로 인하여 입은 피해 ·············· □ □ □

㉰ 인체 내부에 일종의 시계 같은 것이 있어 시간에 따라 생체 리듬을 주관하는 것 ·············· □ □ 시 계

㉱ 태양이 가장 남쪽에 이르렀을 때의 높이 ·············· □ □ 도

㉲ 지구 온난화의 규제와 방지를 위한 국제 협약인 기후 변화 협약
·············· 교 토 □ □ □

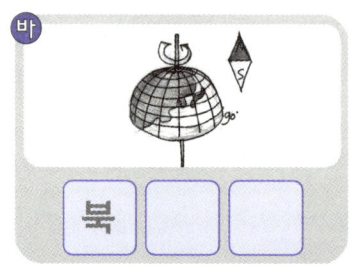

㉳ 북 □ □

㉴ □ □ 축

㉵ 위 □

66

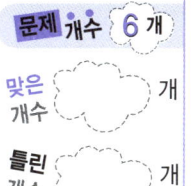

3 비슷한 말 반대말 알기

다음에서 비슷한 뜻끼리 짝지어진 것에는 '='로, 반대의 뜻끼리 짝지어진 것에는 '↔'로 나타내거나, 부호에 알맞게 어휘를 채워 보세요.

문제 개수 6 개

맞은 개수 ___ 개
틀린 개수 ___ 개

높이	=	(가)
남중 고도	(나)	자오선 고도
해돋이	(다)	해넘이

북반구	↔	(라)
위도	(마)	경도
산림	(바)	삼림

4 큰 말 작은 말 알기

어휘의 포함관계에 따라 '<' 또는 '>'로 나타내고, 그림의 위치에 알맞게 어휘를 넣어 보세요.

문제 개수 9 개

맞은 개수 ___ 개
틀린 개수 ___ 개

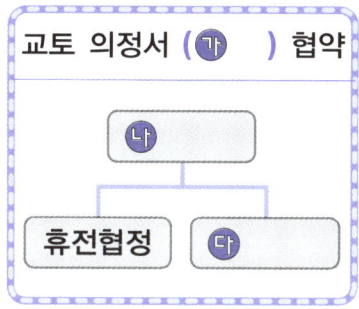

교토 의정서 (가   ) 협약

나

휴전협정 | 다

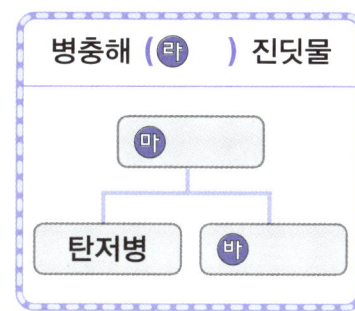

병충해 (라   ) 진딧물

마

탄저병 | 바

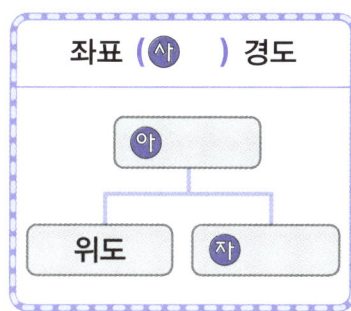

좌표 (사   ) 경도

아

위도 | 자

5 관용어 알기

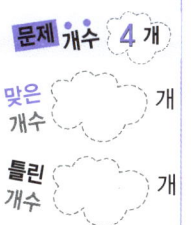

짝을 이루는 말을 찾아 동그라미를 하고, 그 말의 뜻을 보기 에서 찾아 번호를 쓰세요.

문제 개수 4 개

맞은 개수 ___ 개
틀린 개수 ___ 개

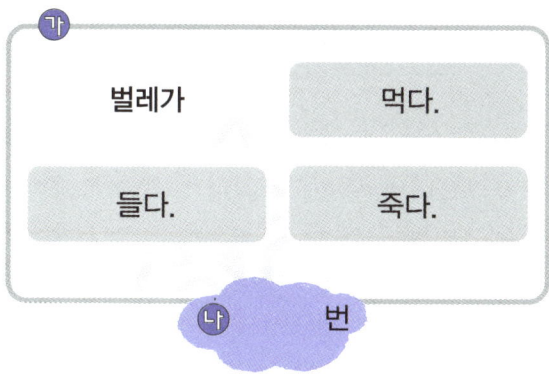

가

벌레가 | 먹다.

들다. | 죽다.

(나   ) 번

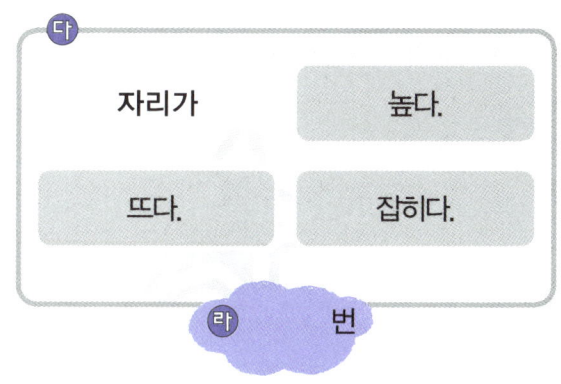

다

자리가 | 높다.

뜨다. | 잡히다.

(라   ) 번

보기

① 규율이나 질서 따위가 정착되어 제대로 이루어지다.

② 벌레나 균 따위가 갉아 먹어 상한 상태가 되다.

③ 기세 좋게 세차게 일어서다.

6 어휘 활용하기

문제 개수 **6** 개

맞은 개수 ⬜ 개

틀린 개수 ⬜ 개

다음 ㉮~㉺의 ( )에 알맞은 어휘를 보기에서 찾아 번호를 쓰고, ㉻의 질문에 답해 보세요.

㉮ 극심한 가뭄과 솔잎혹파리 등의 ( )로 소나무들이 말라 죽어 가고 있다.

㉯ 지구의 ( )이 기울어져 있어 위도가 높은 지역에서는 백야 현상이 일어난다.

㉰ 적도를 중심으로 아시아는 ( )에 오세아니아는 남반구에 위치한다.

㉱ 밤이면 졸리고 아침이면 잠에서 깨어나는 것도 ( )의 조절이다.

㉲ 미국은 자국의 산업 보존을 이유로 ( )의 내용을 실행하지 않았다.

㉳ '자리가 잡히다.' 를 넣어 짧은 글을 지어 보세요.

→ _____

보기

① 병충해   ② 생체 시계   ③ 남중 고도   ④ 교토 의정서   ⑤ 북반구

⑥ 자전축   ⑦ 위도   ⑧ 정화   ⑨ 해돋이   ⑩ 도축

총 문제 개수 ㉝ 개 | 총 맞은 개수 ◯ 개 | 총 틀린 개수 ◯ 개

생각하고 되새기는

글을 읽고 나서 오늘 공부를 신나게 시작하자고!

파죽지세의 유래

옛날 중국 진나라에 '두예' 라는 장수가 있었습니다. 두예는 위나라를 정복 한 뒤, 그 기운을 몰아 오나라까지 정복하려 했습니다. 두예가 장수들에게 오나라를 칠 계획을 말하자 여기저기에서 불만이 터져 나왔습니다. 한 장수는 오나라와의 전투가 끝난 뒤라 병사들이 지쳐 있다고 했고, 또 다른 장수는 봄철이라 전염병의 위험이 있다고 했습니다. 또 다른 장수는 잠시 쉬었다가 전쟁을 다시 시작하자고 했습니다.

그러나 두예는 "위나라를 정복한 병사들은 대나무를 쪼갤 수 있을 만큼 사기가 높다. 그러므로 이 기세를 몰아 오나라를 공격한다면 틀림없이 승리할 것이다."라고 말했습니다. 결국 두예는 오나라를 공격하여 승리를 거두었답니다.

칼로 대나무를 쪼개는 기세라는 뜻의 '파죽지세(破竹之勢)' 는 그 기세가 몹시 사납고 강해서 적에게 저항할 틈도 주지 않고 거침없이 쳐들어가는 것을 말한답니다.

머리 풀어 주는 퍼즐

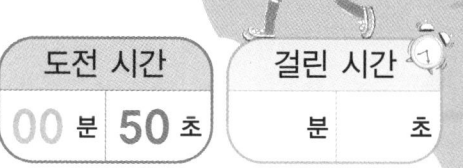

도전 시간			걸린 시간	
00 분	50 초		분	초

창의사고력 기초 다지기 계산능력 쑥~

친구들과 음료수를 마시려고 자판기를 찾았어요. 2000원을 넣고 음료수 4개를 뽑았더니 200원이 남았습니다. 어떤 음료수를 몇 개 뽑았을까요?

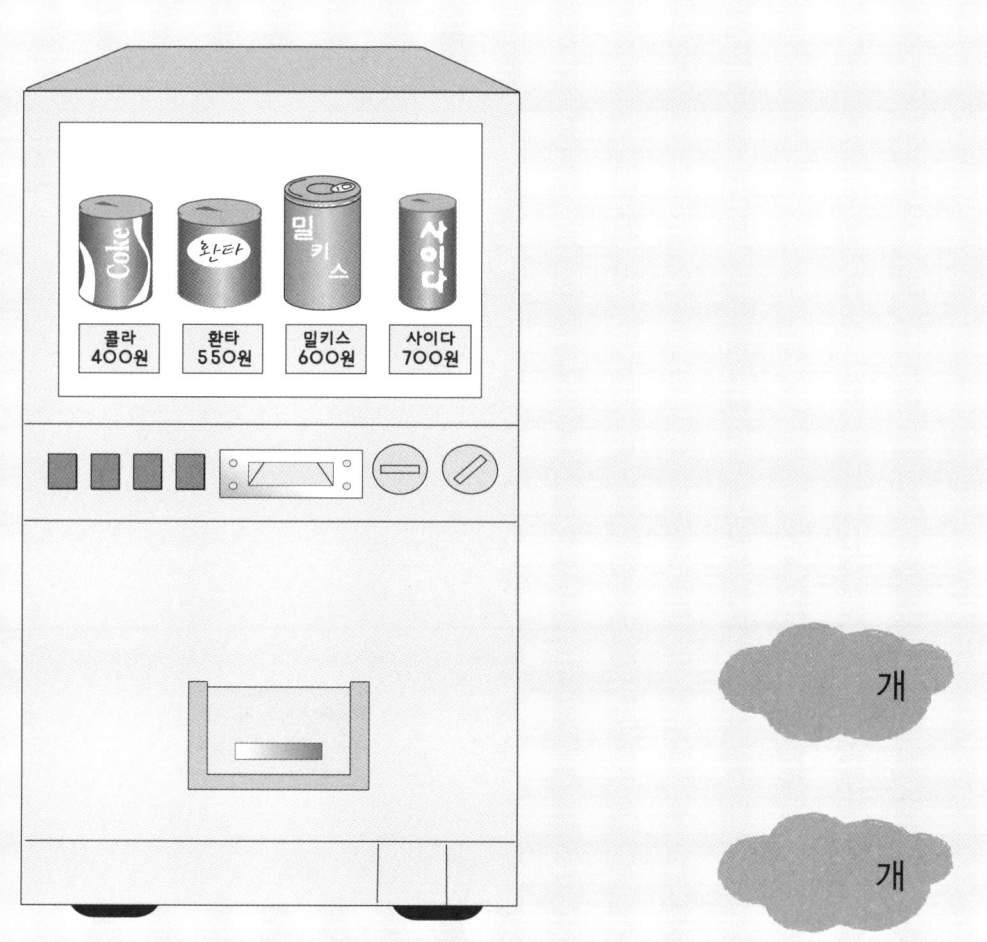

개

개

69

도전시간 **10 분 00 초**
걸린시간 **분 초**

1 가로세로 어휘 찾기

다음 네모에서 알고 있는 어휘를 찾아 동그라미를 해 보세요.

여기서 찾은 어휘로 2~6번 문제를 풀어요!

가	정	법	원	한	지	노	납	세	삼
소	판	노	침	동	체	숙	근	참	심
액	결	예	해	안	장	인	로	정	제
절	문	존	엄	성	애	초	상	권	도
도	재	판	청	구	인	오	순	도	순

내가 찾은 어휘 **개**

2 어휘 뜻 알기

다음 설명이나 그림이 뜻하는 어휘가 무엇인지 빈칸을 채워 보세요.

문제 개수 **8** 개

맞은 개수 **개**

틀린 개수 **개**

㉮ 세금을 냄 ·············· ☐ ☐

㉯ 자기 자신의 얼굴이 그려진 그림이나 사진에 대한 독점적인 권리
·············· ☐ ☐ 권

㉰ 법원이 판결을 내린 사실, 이유와 판결 주문 따위를 적은 문서 · ☐ ☐

㉱ 한 사건에 대하여 세 번의 재판을 받을 수 있는 제도·· ☐ 제 도

㉲ 가정에 관한 사건과 소년에 관한 사건을 처리하기 위해 설치된 법원
·············· ☐ ☐ 법 원

㉳

☐ ☐ 장 애 인

㉴

☐ ☐

㉵

노 ☐

3 비슷한 말 반대말 알기

다음에서 비슷한 뜻끼리 짝지어진 것에는 '='로, 반대의 뜻끼리 짝지어진 것에는 '↔'로 나타내거나, 부호에 알맞게 어휘를 채워 보세요.

문제 개수 6 개

맞은 개수 ◯ 개

틀린 개수 ◯ 개

세납	=	(가)
판결문	(나)	판결서
노예	(다)	자유인

휴식	↔	(라)
소액	(마)	고액
청구	(바)	청원

4 큰 말 작은 말 알기

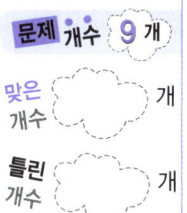

어휘의 포함관계에 따라 '<' 또는 '>'로 나타내고, 그림의 위치에 알맞게 어휘를 넣어 보세요.

문제 개수 9 개

맞은 개수 ◯ 개

틀린 개수 ◯ 개

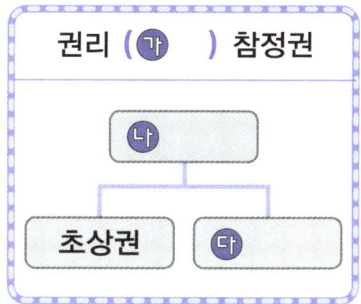

권리 (가) 참정권

나

초상권 | 다

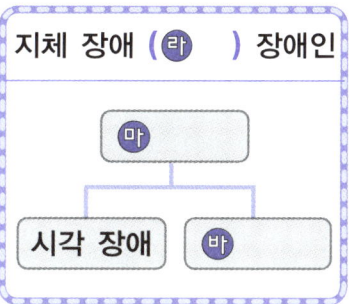

지체 장애 (라) 장애인

마

시각 장애 | 바

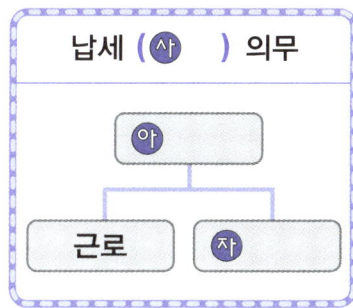

납세 (사) 의무

아

근로 | 자

5 관용어 알기

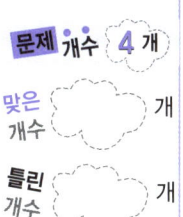

짝을 이루는 말을 찾아 동그라미를 하고, 그 말의 뜻을 보기 에서 찾아 번호를 쓰세요.

문제 개수 4 개

맞은 개수 ◯ 개

틀린 개수 ◯ 개

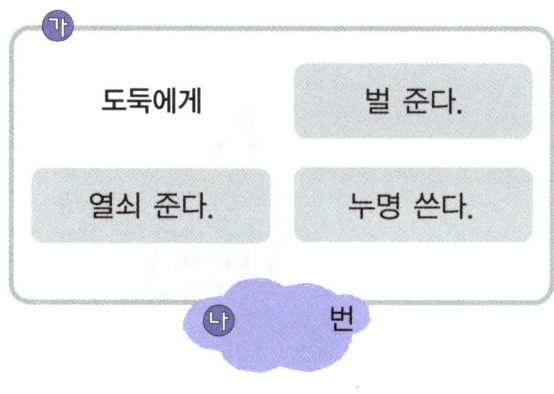

가

도둑에게 | 벌 준다.

열쇠 준다. | 누명 쓴다.

나 번

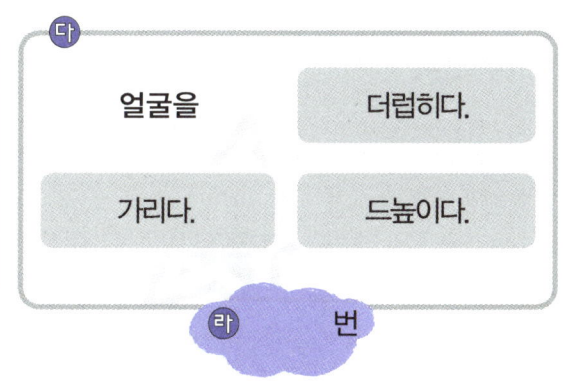

다

얼굴을 | 더럽히다.

가리다. | 드높이다.

라 번

보기

① 믿지 못할 사람을 신용하여 일을 맡기는 어리석음을 비유적으로 이르는 말
② 명예나 체면을 손상시키다.
③ 계속 매우 부끄러워하거나 흥분을 하다.

71

6 어휘 활용하기

다음 ㉮ ~ ㉲ 의 ( )에 알맞은 어휘를 보기 에서 찾아 번호를 쓰고, ㉳ 의 질문에 답해 보세요.

㉮ 경기가 어려워지자 곳곳에서 크고 작은 ( ) 사건이 끊이지 않는다.

㉯ 다른 사람의 얼굴을 함부로 사용하는 것은 ( )을 침해하는 일이다.

㉰ 재판부는 ( )에서 죄를 반성하지 않는 피고를 질책했다.

㉱ 비록 이번 재판에서는 졌지만 ( )에 따라 두 번의 기회가 남았다.

㉲ 미국의 남북 전쟁은 ( )를 해방하려는 쪽과 그렇지 않으려는 쪽의 싸움이었다.

㉳ '납세' 를 넣어 짧은 글을 지어 보세요.

→ _____

보기
① 가정 법원　　② 납세　　③ 삼심 제도　　④ 판결문　　⑤ 초상권
⑥ 노예　　⑦ 절도　　⑧ 참정권　　⑨ 청구인　　⑩ 소액

총 문제 개수 **33** 개 ｜ 총 맞은 개수 ◯ 개 ｜ 총 틀린 개수 ◯ 개

글을 읽고 나서 오늘 공부를 신나게 시작하자고!

공부 의욕 다지는 72

선생님이 되어 보세요

　가끔은 내가 공부한 내용을 잘 이해하고 있는지 궁금할 때가 있을 거예요. 그럴 때에는 선생님이 되어 보세요. 선생님처럼 친구에게 가르쳐 보는 거예요. 굳이 친구가 아니어도 되어요. 동생이나 엄마도 괜찮아요.

　선생님이 되어 공부를 가르쳐 보면 내가 제대로 이해하고 있는지 알 수 있답니다. 만약 내가 잘 모르는 부분이 있다면 그 부분은 은근슬쩍 넘어갈 테니까요. 게다가 동생이 질문이라도 하게 되면, 얼굴이 빨개지면서 꿀밤을 먹일지도 모른답니다.

　공부하는 내용을 눈으로 이해하는 것과 머리가 이해하는 것은 다르답니다. 다른 사람에게 가르친다는 것은 입으로 설명하는 것이랍니다. 머리가 완전히 이해하고 있어야 입으로 설명할 수 있거든요.

　책상 앞에 앉아 있는 것이 지겨울 때면 선생님이 되어 보세요. 더 재미나게 공부할 수 있을 거예요.

16회

머리 풀어 주는 퍼즐

도전 시간	걸린 시간
00 분 15 초	분 초

창의사고력 기초 다지기   주의집중력 쑥~

빈칸에 있는 바둑알 수만큼 사탕을 준다면 사탕 몇 개를 받을 수 있을까요? (단, 선에 조금이라도 닿으면 안 돼요.)

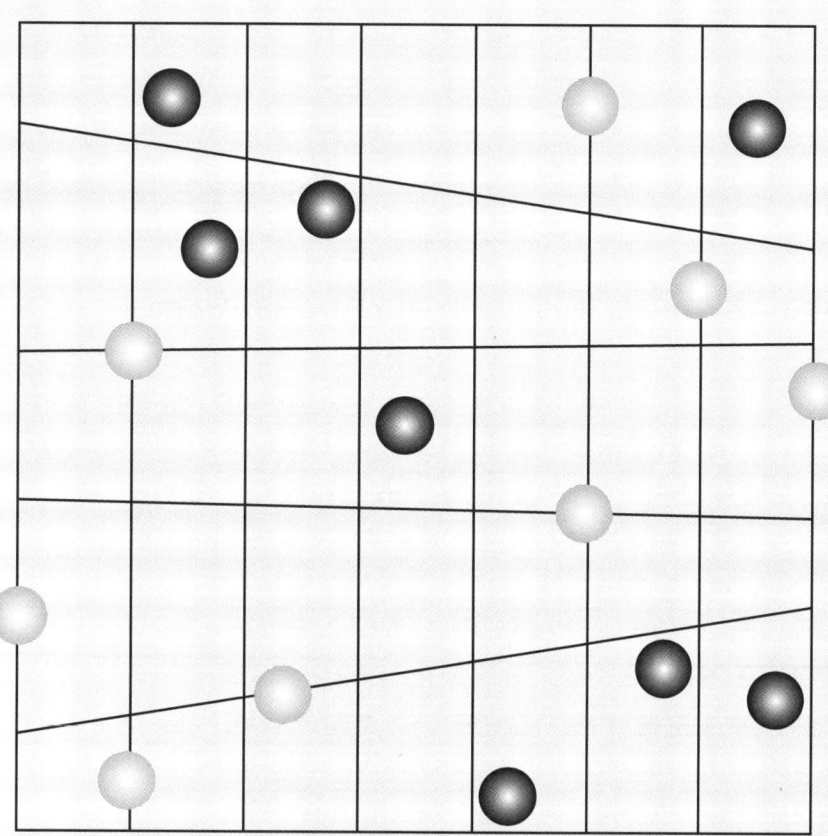

개

낱말이 쏙 생각이 쑥

도전시간 10 분 00 초　걸린시간 　분　초

1 가로세로 어휘 찾기

다음 네모에서 알고 있는 어휘를 찾아 동그라미를 해 보세요.

여기서 찾은 어휘로 2~6번 문제를 풀어요!

관	호	패	집	현	전	영	의	정	경
료	★	직	전	법	성	천	정	강	국
제	사	국	경	선	균	민	부	경	대
향	병	★	춘	추	관	회	유	책	전
리	덕	치	주	의	신	문	고	수	령

내가 찾은 어휘 　　　개

2 어휘 뜻 알기

다음 설명이나 그림이 뜻하는 어휘가 무엇인지 빈칸을 채워 보세요.

문제 개수 8 개

맞은 개수 　　　개

틀린 개수 　　　개

가 특권을 가진 관리가 국가 권력을 장악, 지배하는 정치 제도 ⋯ 　　　제

나 조선 시대에, 현직 관리들에게 토지를 지급하기 위하여 제정한 제도
⋯⋯⋯⋯⋯⋯⋯⋯⋯⋯⋯⋯⋯⋯⋯⋯⋯⋯⋯⋯⋯⋯⋯⋯⋯⋯ 　　　법

다 덕망이 있는 사람이 도덕적으로 어두운 사람을 지도·교화하는 것을 정치의 핵심으로 삼는 사상 ⋯⋯⋯⋯⋯⋯⋯⋯⋯⋯⋯⋯ 　　주 의

라 강경하게 대처하려고 내는 수단 ⋯⋯⋯⋯⋯⋯⋯ 　　책

마 조선 시대에, 통치의 기준이 된 최고의 법전(法典) ⋯ 　　대 전

바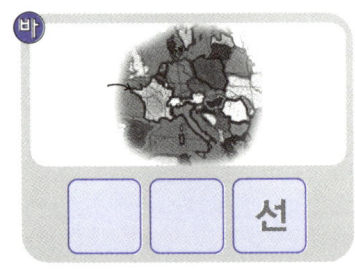
　　선

사

아
　　고

③ 비슷한 말 반대말 알기

다음에서 비슷한 뜻끼리 짝지어진 것에는 '＝'로, 반대의 뜻끼리 짝지어진 것에는 '↔'로 나타내거나, 부호에 알맞게 어휘를 채워 보세요.

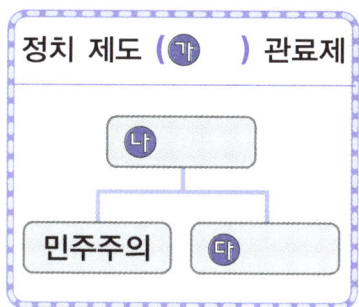

덕치사상	＝	(가)
천민	(나)	양반
부유	(다)	빈곤

하수	↔	(라)
전령	(마)	심부름꾼
수령	(바)	원님

④ 큰 말 작은 말 알기

어휘의 포함관계에 따라 '＜' 또는 '＞'로 나타내고, 그림의 위치에 알맞게 어휘를 넣어 보세요.

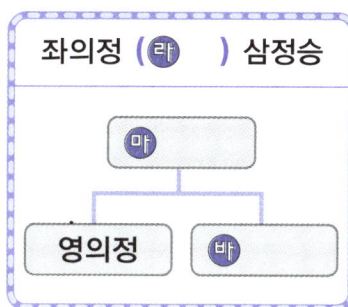

정치 제도 (가) 관료제
- 나
  - 민주주의
  - 다

좌의정 (라) 삼정승
- 마
  - 영의정
  - 바

회유책 (사) 정책
- 아
  - 강경책
  - 자

⑤ 관용어 알기

짝을 이루는 말을 찾아 동그라미를 하고, 그 말의 뜻을 보기 에서 찾아 번호를 쓰세요.

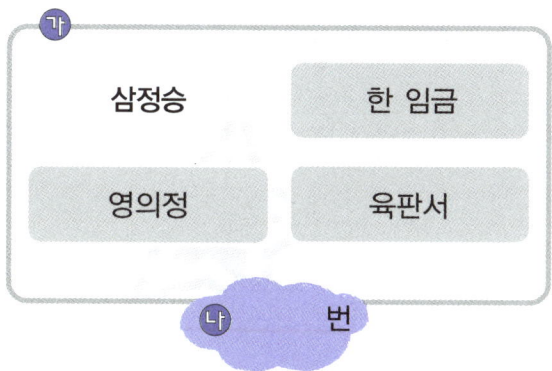

가
삼정승	한 임금
영의정	육판서

나 ⎯ 번

다
양반 때리고	돈 빼앗는다.
볼기 맞는다.	종은 부린다.

라 ⎯ 번

보기

① 아니꼽게 점잔을 빼는 사람을 보고 이르는 말

② 윗사람이나 권력자에게 실속 없이 덤벼서 화를 입지 말라고 경계하여 이르는 말

③ 삼정승과 육조 판서를 통틀어 이르는 말로, 모든 벼슬아치를 이르는 말

다음 ㉮ ~ ㉺의 ( )에 알맞은 어휘를 보기 에서 찾아 번호를 쓰고, ㉻의 질문에 답해 보세요.

문제 개수 6 개

맞은 개수 ⬚ 개

틀린 개수 ⬚ 개

㉮ 조선 시대는 특권을 가진 관리가 권력을 장악했던 ( ) 사회이다.

㉯ ( )는 조선 시대에 16세 이상의 남자들이 갖고 다니던 신분증 같은 것이다.

㉰ 김종서는 4군과 6진을 개척함으로써 ( )을 좀 더 북쪽으로 넓혀 놓았다.

㉱ 조선 시대의 ( )은 어떤 사회적 지위도 갖질 못했다.

㉲ 억울한 일을 겪은 백성들은 ( )를 두드려서 호소했다.

㉳ '강경책'을 넣어 짧은 글을 지어 보세요.

→ _____

보기
① 관료제   ② 직전법   ③ 덕치주의   ④ 강경책   ⑤ 호패
⑥ 국경선   ⑦ 신문고   ⑧ 천민   ⑨ 부유   ⑩ 전령

총 문제 개수 33 개   총 맞은 개수 ◯ 개   총 틀린 개수 ◯ 개

상식 쑥쑥 키우는

글을 읽고 나서 오늘 공부를 신나게 시작하자고!

인터넷 쇼핑의 장단점

인터넷만 있으면 집에서도 많은 일을 할 수 있어요. 인터넷 뱅킹으로 은행 일을, 인터넷 쇼핑으로 책과 음반은 물론이고 옷, 신발, 가방도 살 수 있어요.

인터넷 쇼핑이란 인터넷상에서 만들어진 상점에서 물건을 사고파는 것으로 전자 쇼핑이라고도 한답니다. 1996년 인터파크와 롯데백화점이 인터넷 쇼핑을 처음 연 뒤, 인터넷에는 수많은 쇼핑몰들이 생겨났어요.

인터넷 쇼핑의 장점은 일반 상점에 비해 값이 싸다는 거예요. 제품을 팔 장소도 직원도 필요가 없으니까 그만큼 값을 낮출 수 있거든요. 하지만 직접 보고 살 수 없다는 단점이 있어요. 인터넷에서 제공하는 사진과 정보만 보고 제품을 골라야 하니까요.

하지만 점점 더 많은 사람들이 인터넷 쇼핑을 이용하고 있어요. 일반 상점보다 값싼 제품을 클릭 몇 번 만으로 편하게 집에서 받아볼 수 있기 때문이랍니다.

17회 머리 풀어 주는 퍼즐

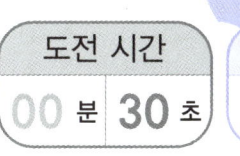

도전 시간	걸린 시간
00 분 30 초	분 초

창의사고력 기초 다지기 연상추리력 쑥~

동물 친구들이 사다리 타기 놀이를 해서 과일을 먹기로 했어요. 줄을 하나만 그어서 원숭이가 바나나를 먹을 수 있게 하려면, 어디에 줄을 그어야 할까요?

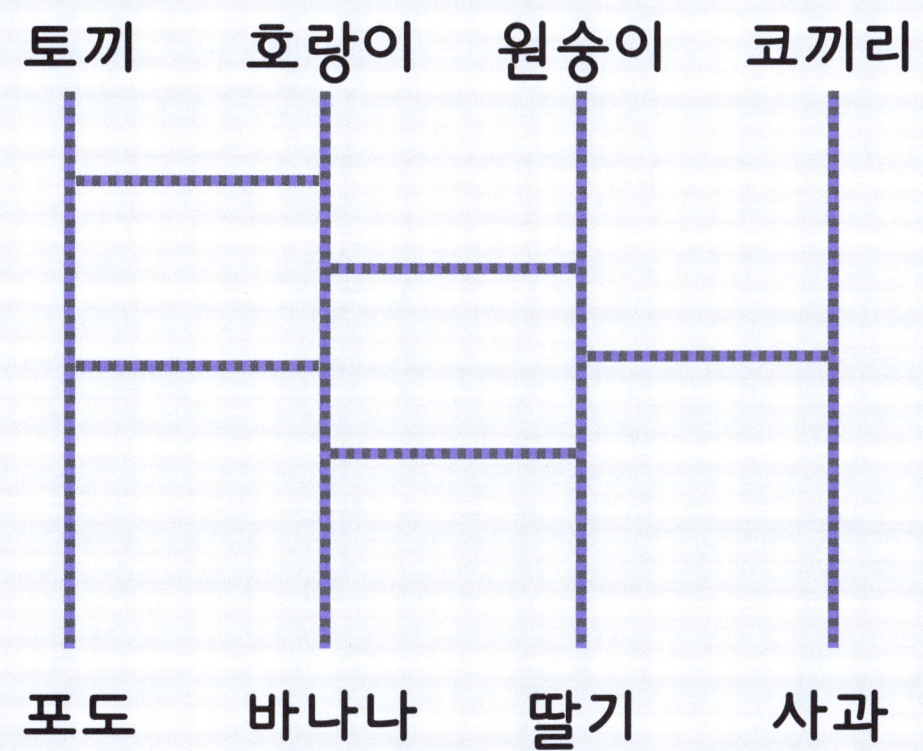

날말이 쏙 생각이 쑥

1 가로세로 어휘 찾기

다음 네모에서 알고 있는 어휘를 찾아 동그라미를 해 보세요.

여기서 찾은 어휘로 2~6번 문제를 풀어요!

태	역	설	보	옥	편	만	조	백	관
평	편	종	라	관	재	성	현	자	독
성	중	고	매	자	고	뿔	배	척	해
대	립	변	유	망	하	다	어	휘	력
복	원	무	모	하	다	백	일	청	천

내가 찾은 어휘 ◯ 개

2 어휘 뜻 알기

다음 설명이나 그림이 뜻하는 어휘가 무엇인지 빈칸을 채워 보세요.

문제 개수 8 개

맞은 개수 ◯ 개

틀린 개수 ◯ 개

㉮ 어진 임금이 잘 다스리어 태평한 세상이나 시대 ····· [ ][성][ ]

㉯ 조정의 모든 벼슬아치 ·············· [ ][ ][관]

㉰ 해가 비치고 맑게 갠 푸른 하늘 ········· [백][ ][ ]

㉱ 글을 읽어서 뜻을 이해하는 능력 ········ [ ][ ][력]

㉲ 한쪽으로 치우침 ··············· [ ][ ]

㉳

[ ][ ][매]

㉴

[옥][ ][ ]

㉵
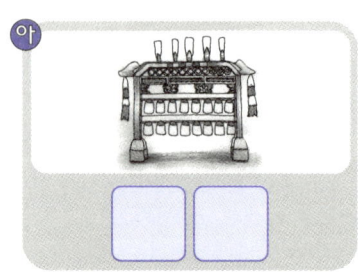
[ ][ ]

3 비슷한 말 반대말 알기

다음에서 비슷한 뜻끼리 짝지어진 것에는 '='로, 반대의 뜻끼리 짝지어진 것에는 '↔'로 나타내거나, 부호에 알맞게 어휘를 채워 보세요.

문무백관	=	(가 　)
행실	(나 　)	품행
보라매	(다 　)	수지니

편중	↔	(라 　)
복원	(마 　)	복구
고뿔	(바 　)	감기

4 큰 말 작은 말 알기

어휘의 포함관계에 따라 '<' 또는 '>'로 나타내고, 그림의 위치에 알맞게 어휘를 넣어 보세요.

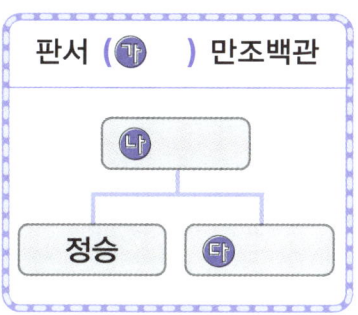

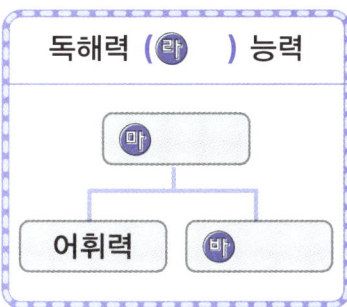

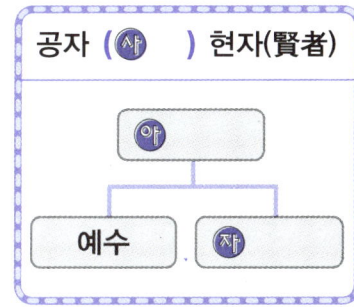

판서 (가 　) 만조백관 / 나 / 정승 (다)

독해력 (라 　) 능력 / 마 / 어휘력 (바)

공자 (사 　) 현자(賢者) / 아 / 예수 (자)

5 관용어 알기

짝을 이루는 말을 찾아 동그라미를 하고, 그 말의 뜻을 보기 에서 찾아 번호를 쓰세요.

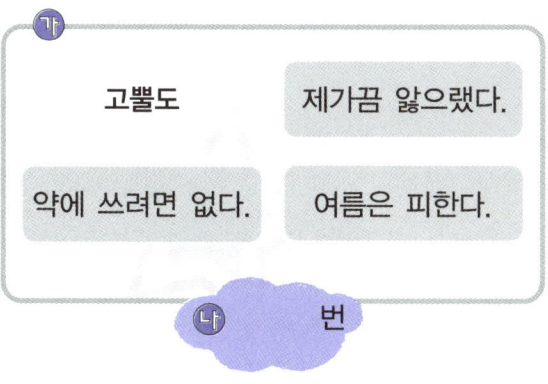

가 　 고뿔도 　 제가끔 앓으랬다. 　 약에 쓰려면 없다. 　 여름은 피한다.
(나 　) 번

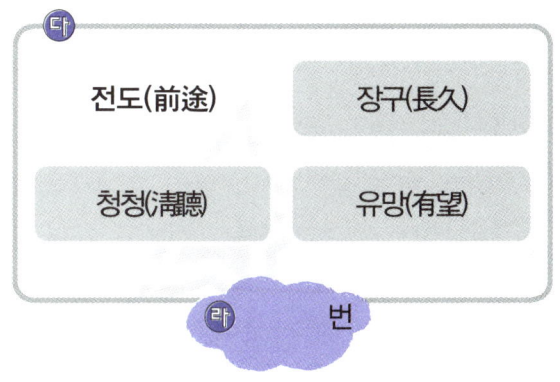

다 　 전도(前途) 　 장구(長久) 　 청청(淸聽) 　 유망(有望)
(라 　) 번

보기

① 좋은 일이건 궂은 일이건 간에 각자가 저마다 독자적으로 해야 할 필요가 있음
② 앞으로 잘될 희망이 있음
③ 미리 준비가 되어 있으면 걱정할 것이 없음

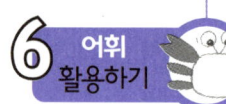

다음 가 ~ 마 의 ( )에 알맞은 어휘를 보기 에서 찾아 번호를 쓰고, 바 의 질문에 답해 보세요.

가 한쪽으로 ( )된 사고로는 공정한 처리를 하기 어렵다.

나 왕은 ( )을 둘러보았지만 누구도 그 심중을 헤아리는 이는 없었다.

다 '당랑거철' 은 사마귀가 수레를 막는 것처럼 ( )일을 말한다.

라 그는 이제 막 대학을 졸업한 ( ) 젊은이였다.

마 화재로 소실된 숭례문의 ( )을 위해 많은 전문가가 동원되었다.

바 '태평성대' 를 넣어 짧은 글을 지어 보세요.

→

보기
① 태평성대 　② 만조백관 　③ 편중 　④ 보라매 　⑤ 재고하다
⑥ 유망한 　⑦ 복원 　⑧ 무모한 　⑨ 고뿔 　⑩ 옥관자

총 문제 개수 (33) 개 ｜ 총 맞은 개수 ( ) 개 ｜ 총 틀린 개수 ( ) 개

글을 읽고 나서 오늘 공부를 신나게 시작하자고!

마음에 힘이 되는 **글**

꿈을 가진 대통령

　'뉴딜 정책' 으로 유명한 프랭클린 루스벨트. 그는 '경제 대공황' 에서 미국을 구한 위대한 대통령으로도 유명하고 장애를 가진 대통령으로도 유명합니다.

　청년 시절부터 정치가로 활동한 루스벨트는 39세 되던 해에 큰 어려움을 겪게 됩니다. 두 다리가 마비 되는 병에 걸렸어요. 다시는 두 다리로 일어설 수 없다는 의사의 말에 그는 날마다 술과 함께 하루하루를 지냈어요.

　그러던 어느 날 거울에 비친 자신의 모습을 보고는 너무 부끄러웠습니다. 술에 취해 엉망진창이었거든요.

　'그래, 몸이 불편하다고 꿈까지 포기할 수는 없어.'

　그는 휠체어를 타고 세상 밖으로 나와 당당하게 사람들 앞에 나섰습니다. 그리고는 정치가로서 더욱 활발히 활동했고, 마침내 1932년 미국의 대통령이 되었답니다.

　프랭클린 루스벨트, 그는 꿈을 포기하지 않았기 때문에 장애를 이겨낼 수 있었고, 당당함도 되찾을 수 있었답니다.

머리 풀어 주는 퍼즐

도전 시간	걸린 시간
00 분 30 초	분 초

창의사고력 기초 다지기   판단능력 쓱~

보기를 잘 보고, 다음 그림에서 삼각형은 모두 몇 개인지 맞혀 보세요.

보기

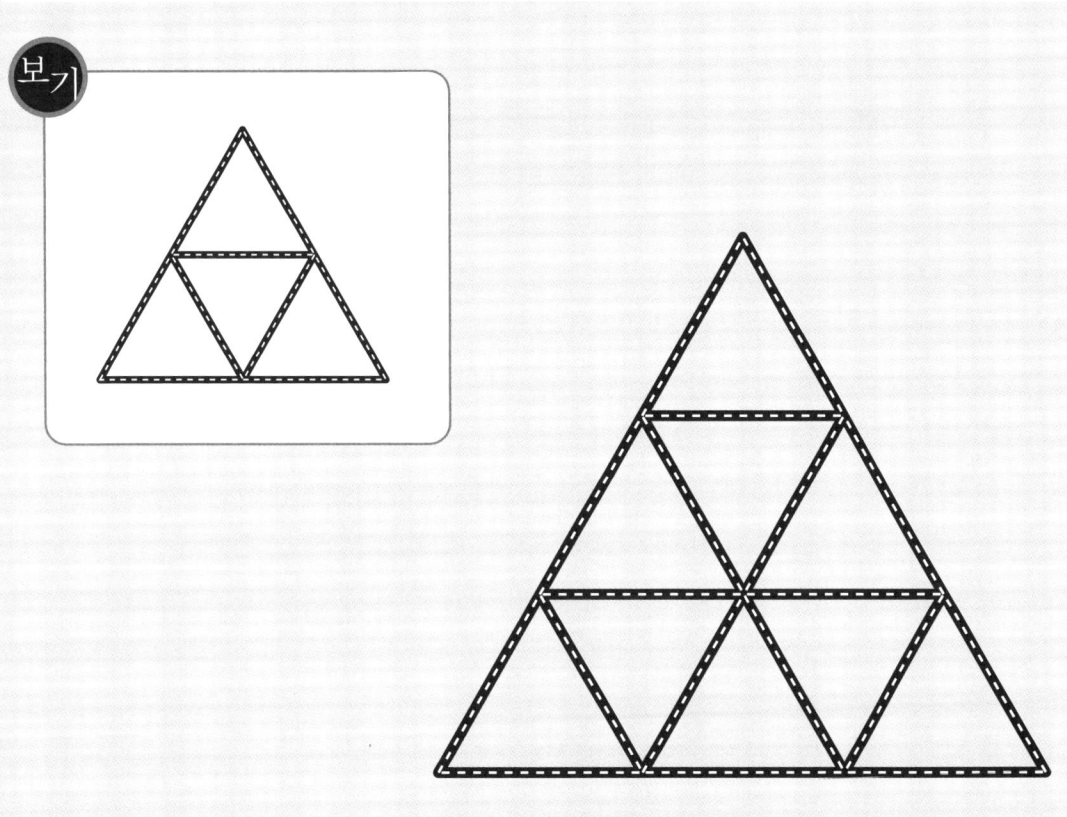

모두   개

날말이 쏙 생각이 쑥

1 가로세로 어휘 찾기

여기서 찾은 어휘로 2~6번 문제를 풀어요!

다음 네모에서 알고 있는 어휘를 찾아 동그라미를 해 보세요.

연	소	발	화	점	지	게	차	축	★
앙	화	도	르	래	레	미	콘	바	받
부	흡	방	열	복	제	하	다	퀴	침
일	습	화	안	전	모	순	작	용	점
구	제	복	장	도	리	맹	렬	하	다

내가 찾은 어휘 ⬡ 개

2 어휘 뜻 알기

문제 개수 8 개

맞은 개수 ⬡ 개

틀린 개수 ⬡ 개

다음 설명이나 그림이 뜻하는 어휘가 무엇인지 빈칸을 채워 보세요.

㉮ 공기나 산소 속에서 물질을 가열할 때 스스로 발화하여 연소를 시작하는 최저 온도 ·········· ☐ ☐ 점

㉯ 물체 내의 한 점에 힘이 작용할 때에 그 힘이 미치는 점 ··· ☐ ☐ 점

㉰ 뜨거운 열이나 불길에 의한 피해를 막기 위하여 입는 옷 ··· ☐ ☐ 복

㉱ 기세가 몹시 사납고 세차다. ················ ☐ ☐ 하 다

㉲ 본디의 것과 똑같은 것을 만들다. ············· ☐ ☐ 하 다

㉳

☐ ☐ ☐

㉴

☐ ☐ 차

㉵
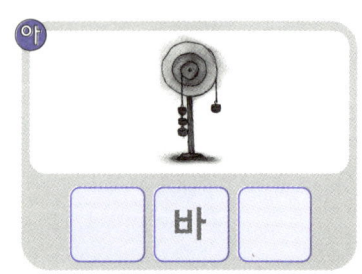
☐ 바 ☐

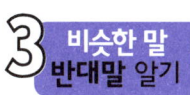

3. 비슷한 말 반대말 알기

다음에서 비슷한 뜻끼리 짝지어진 것에는 '='로, 반대의 뜻끼리 짝지어진 것에는 '↔'로 나타내거나, 부호에 알맞게 어휘를 채워 보세요.

윤축	=	(가)
맹렬하다	(나)	사납다
작용점	(다)	착력점

발화	↔	(라)
도르래	(마)	활차
지레	(바)	지렛대

4. 큰 말 작은 말 알기

어휘의 포함관계에 따라 '<' 또는 '>'로 나타내고, 그림의 위치에 알맞게 어휘를 넣어 보세요.

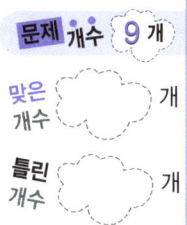

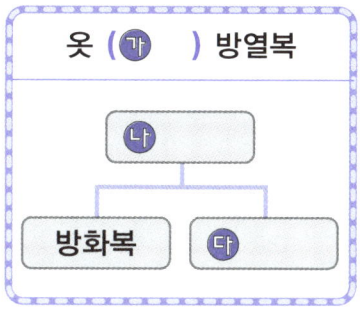

옷 (가) 방열복
나
방화복 — 다

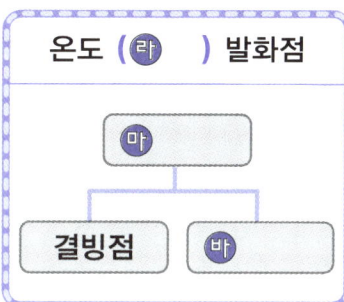

온도 (라) 발화점
마
결빙점 — 바

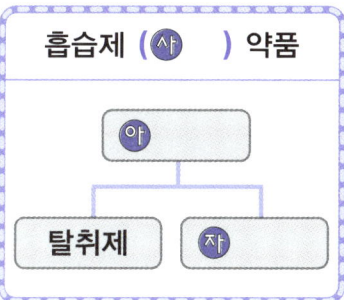

흡습제 (사) 약품
아
탈취제 — 자

5. 관용어 알기

짝을 이루는 말을 찾아 동그라미를 하고, 그 말의 뜻을 보기 에서 찾아 번호를 쓰세요.

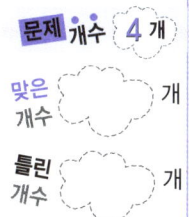

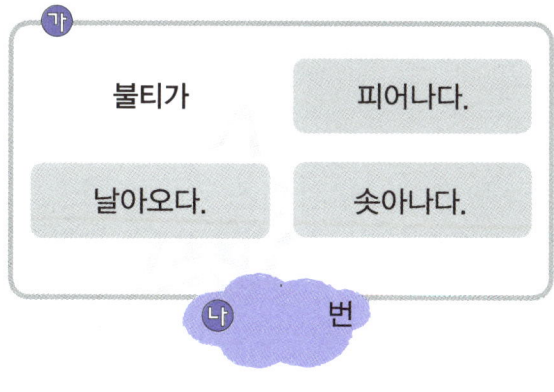

가
불티가   피어나다.
날아오다.   솟아나다.
(나) 번

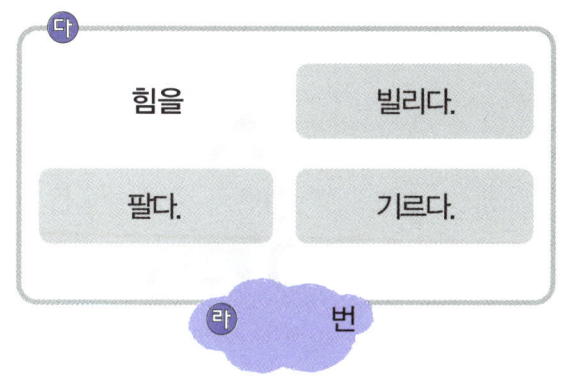

다
힘을   빌리다.
팔다.   기르다.
(라) 번

보기

① 화나 화가 될 요소가 번져서 딴 곳에 미치어 오다.

② 얼마 안 되는 듯 하여도 늘려 쓸 수가 있다.

③ 다른 사람의 도움을 받다.

6 어휘 활용하기

다음 ㉮~㉺의 ( )에 알맞은 어휘를 보기에서 찾아 번호를 쓰고, ㉯의 질문에 답해 보세요.

문제 개수 **6** 개

맞은 개수 ⬜ 개

틀린 개수 ⬜ 개

㉮ 명령이 떨어지자 군사들은 ( ) 기세로 적진을 향해 나아갔다.

㉯ 화재 현장의 소방관들은 안전을 위해 ( )을 입고 화재를 진압한다.

㉰ 힘점과 ( )의 거리는 멀수록 큰 힘을 낼 수 있다.

㉱ 콘크리트 반죽을 실은 ( )이 공사현장으로 들어섰다.

㉲ 사람이 들 수 없는 무거운 짐들은 ( )를 이용해 운반하기로 하였다.

㉳ '불티가 날아오다.' 는 어떤 경우에 쓰는 말인지 써 보세요.

→ _____

보기
① 발화점 ② 복제했다 ③ 방열복 ④ 맹렬한 ⑤ 작용점
⑥ 도르래 ⑦ 축바퀴 ⑧ 지게차 ⑨ 레미콘 ⑩ 모순

총 문제 개수 ㉝ 개 │ 총 맞은 개수 ◯ 개 │ 총 틀린 개수 ◯ 개

생각하고 되새기는 72

마이동풍의 유래

'소귀에 경 읽기' 라는 속담을 아나요? 다른 사람의 말을 귀담아 듣지 않는 사람을 일컬을 때 쓰는 말로, 이태백의 시에 나오는 '마이동풍(馬耳東風)'과 같은 뜻이랍니다.

옛날 중국에 이태백이라는 유명한 시인이 있었답니다. 그가 살던 시기는 매우 혼란한 시기였어요. 그는 평생 술과 시를 벗 삼아 보냈답니다. 그에게는 왕십이라는 친구가 있었어요. 왕십 역시 이태백과 마찬가지로 어수선한 세상을 원망하며 살았답니다. 어느 날 이태백은 왕십에게 시 한 수를 받았습니다. 추운 겨울 밤 혼자 술잔을 기울이면서 혼란한 세상을 원망한다는 내용이었어요. 친구의 시를 받은 이태백은 답장으로 시를 보냈습니다.

'시인이 아무리 좋은 글을 지어도 세상 사람들은 듣지 않고 고개를 돌리니, 동쪽 바람이 말의 귀를 때리는 것과 같구나(馬耳東風).'

이태백이 시인들의 좋은 시와 글을 귀담아 듣지 않고 그냥 흘려보내는 세상을 안타까워하며 하며 지은 시랍니다.

19회 머리 풀어 주는 퍼즐

도전 시간	걸린 시간
00 분 30 초	분 초

창의사고력 기초 다지기 정보처리능력 쑥~

한글은 자음과 모음으로 이루어져 있습니다. 다음 단어들 가운데 자음과 모음의 개수를 더한 값이 다른 것이 무엇일까요?

보기

의사 → ㅇ, ㅅ 자음 2개
ㅢ, ㅏ 모음 2개 = 총 4개

❶ 사과   ❷ 바람

❸ 수도   ❹ 비누

번

낱말이 쏙 생각이 쑥

1 가로세로 어휘 찾기

다음 네모에서 알고 있는 어휘를 찾아 동그라미를 해 보세요.

여기서 찾은 어휘로 2~6번 문제를 풀어요!

신	착	공	식	유	로	고	속	철	도
대	아	세	안	럽	노	유	전	자	획
륙	탐	험	숭	연	선	진	기	여	기
조	선	족	배	합	도	보	해	독	적
자	치	주	국	제	통	화	배	양	액

내가 찾은 어휘 [ ] 개

2 어휘 뜻 알기

다음 설명이나 그림이 뜻하는 어휘가 무엇인지 빈칸을 채워 보세요.

문제 개수 **8** 개

맞은 개수 [ ] 개

틀린 개수 [ ] 개

가 넓은 의미로 남북아메리카 대륙과 오스트레일리아 대륙을 이르는 말 · · · · · 신 [ ] [ ]

나 토목이나 건축 따위의 공사를 시작할 때에 하는 의식 · · · · · [ ] [ ] 식

다 회원국의 정치적 통합과 집단 방위를 목표로 유럽 12개국이 결성한 기구 · · · · · [ ] [ ] 연

라 일정한 한도 내에서 독자적으로 행정 업무를 수행하는 자치권을 가진 주 · · · · · [ ] [ ] 주

마 국제간 거래에서 결제에 이용하는 화폐 · · · · · [ ] [ ] 화

바

[ ] [ ] 철 도

사
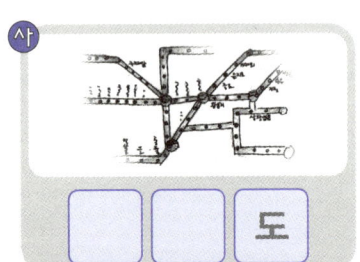
[ ] [ ] 도

아
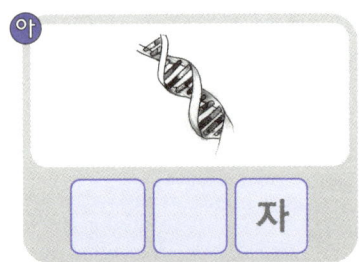
[ ] [ ] 자

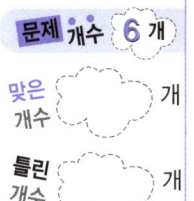

3 비슷한 말 반대말 알기

다음에서 비슷한 뜻끼리 짝지어진 것에는 '='로, 반대의 뜻끼리 짝지어진 것에는 '↔'로 나타내거나, 부호에 알맞게 어휘를 채워 보세요.

문제 개수 **6** 개

맞은 개수 ◯ 개

틀린 개수 ◯ 개

기공식	=	(가)
유전자	(나)	유전 인자
탐험	(다)	탐사

구태의연	↔	(라)
진보	(마)	보수
신대륙	(바)	구대륙

4 큰 말 작은 말 알기

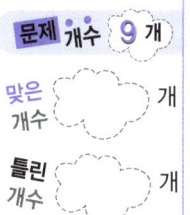

어휘의 포함관계에 따라 '<' 또는 '>'로 나타내고, 그림의 위치에 알맞게 어휘를 넣어 보세요.

문제 개수 **9** 개

맞은 개수 ◯ 개

틀린 개수 ◯ 개

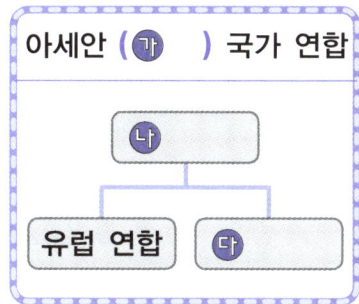

아세안 (가) 국가 연합
나
유럽 연합 | 다

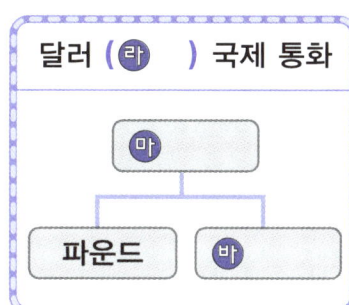

달러 (라) 국제 통화
마
파운드 | 바

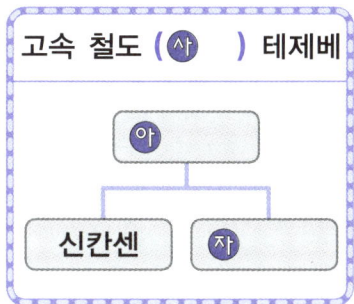

고속 철도 (사) 테제베
아
신칸센 | 자

5 관용어 알기

짝을 이루는 말을 찾아 동그라미를 하고, 그 말의 뜻을 보기 에서 찾아 번호를 쓰세요.

문제 개수 **4** 개

맞은 개수 ◯ 개

틀린 개수 ◯ 개

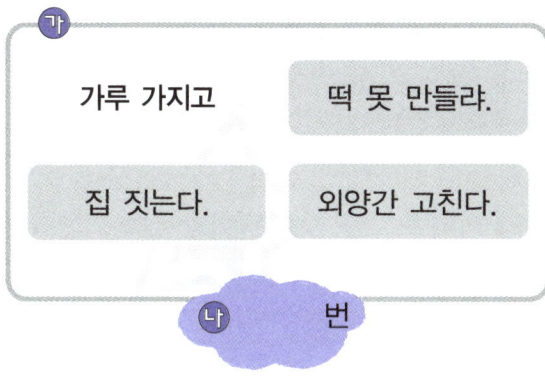

가 가루 가지고   떡 못 만들랴.
집 짓는다.   외양간 고친다.
나 번

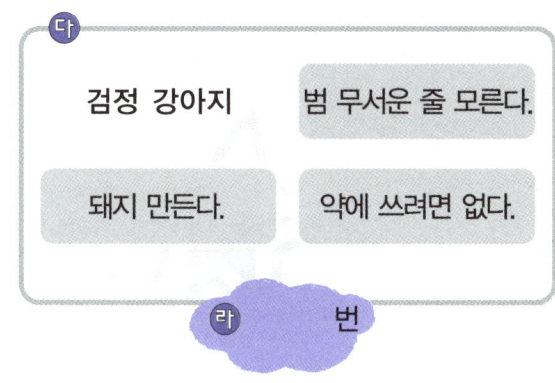

다 검정 강아지   범 무서운 줄 모른다.
돼지 만든다.   약에 쓰려면 없다.
라 번

보기

① 누구나 다 할 수 있는 일을 자랑하며 뽐내는 것을 비웃는 말
② 비슷한 것을 가지고 진짜처럼 꾸며 남을 속이려고 한다는 말
③ 말은 길어질수록 시비가 붙을 수 있으니 말을 삼가라는 말

다음 ㉮ ~ ㉱의 ( )에 알맞은 어휘를 보기 에서 찾아 번호를 쓰고, ㉲의 질문에 답해 보세요.

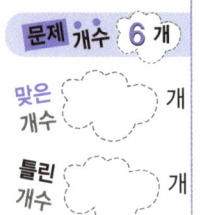
㉮ ( )은 유럽의 화폐 단위를 유로로 통일하여 사용하고 있다.

㉯ 콜럼버스가 발견한 ( )은 16세기 유럽인들의 희망이 되었다.

㉰ 중국에 살고 있지만 ( )은 우리와 같은 민족임이 분명하다.

㉱ 유전 공학의 발달로 ( )조작을 한 GMO 생물이 생겨나고 있다.

㉲ 손으로 글을 베껴 책을 만들던 시대에 인쇄기의 발명은 ( )인 사건이었다.

㉳ '가루 가지고 떡 못 만들랴.'는 어떤 경우에 쓰는 말인지 써 보세요.

→ _____

보기
① 신대륙 ② 착공식 ③ 자치주 ④ 조선족 ⑤ 숭배
⑥ 유전자 ⑦ 해독 ⑧ 도통 ⑨ 획기적 ⑩ 유럽연합

총 문제 개수 ◯33◯ 개 | 총 맞은 개수 ◯ 개 | 총 틀린 개수 ◯ 개

공부 의욕 다지는 구르 기억력을 키우는 음식

글을 읽고 나서 오늘 공부를 신나게 시작하자고!

시험 시간에 공부한 내용이 기억나지 않아 머리를 쥐어박은 경험이 있을 거예요. 뇌세포의 파괴를 막아 주는 음식을 골라 먹어 보세요. 기억력 향상에 많은 도움이 된답니다.

콩에는 뇌세포의 막을 강화시켜주는 '포스파티딜세린(PS)'이라는 성분이 많답니다. 이것이 뇌세포의 파괴를 막아주기 때문에 기억력이 높아진답니다. 하루에 다섯 알의 호두를 먹으면 기억력 향상에 도움을 준다고 합니다. 호두에 많은 불포화 지방산이 뇌 신경 세포의 파괴를 막는 동시에 더 많은 가지를 만들도록 도와주어서 건망증 개선에 도움을 준다고 하네요.

콩과 호두 외에도 연어와 사과가 기억력에 도움이 되는 음식이랍니다. 콩이 가득 든 밥에 연어를 얹어 먹고, 호두와 사과를 후식으로 먹으면 기억력 킹왕짱이 되겠군요.

도전 시간
00 분 20 초

걸린 시간
분 초

창의사고력 기초 다지기 계산능력 쑥~

광명이가 과수원에서 사과를 따고 있어요. 사과 한 개는 15g인데, 광명이 바구니는 100g까지 담을 수 있어요. 광명이가 사과를 최대 몇 개까지 바구니에 담을 수 있을까요?

개

도전시간 **8 분 00 초** 걸린시간 **분 초**

1 가로세로 어휘 찾기

다음 네모에서 알고 있는 어휘를 찾아 동그라미를 해 보세요.

여기서 찾은 어휘로 2~6번 문제를 풀어요!

유	향	소	삼	향	약	현	량	과	훈
군	잡	자	강	붕	조	의	제	문	구
역	색	격	행	당	간	★	사	림	파
생	군	루	실	혼	의	왕	조	실	록
원	진	사	도	★	용	비	어	천	가

내가 찾은 어휘 **개**

2 어휘 뜻 알기

다음 설명이나 그림이 뜻하는 어휘가 무엇인지 빈칸을 채워 보세요.

문제 개수 **8** 개

맞은 개수 **개**

틀린 개수 **개**

㉮ 향리 감찰과 풍속을 바로잡던 지방 수령의 자문 기관 ⋯⋯ ☐ ☐ 소

㉯ 덕행이 높은 사람을 천거하여 시험을 보아 뽑던 과거 ⋯⋯ ☐ ☐ 과

㉰ 조선 성종 때 김종직이 세조의 왕위 찬탈을 빗대어 지은 글
⋯⋯⋯⋯⋯⋯⋯⋯⋯⋯⋯⋯⋯⋯⋯⋯⋯ ☐ ☐ 제 ☐

㉱ 세종 때, 훈민정음으로 지은 최초의 악장으로 중국 고사에 빗대어 세종 이전의 왕들의 칭송함 ⋯⋯⋯⋯ ☐ 비 ☐ ☐ 가

㉲ 유사시 동원하기 위해서 조직한 조선의 예비 병력 ⋯⋯ ☐ ☐ 군

㉳

☐ ☐

㉴

☐ ☐ ☐

㉵

삼 ☐ ☐ 도

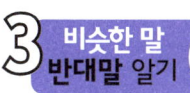

3 비슷한 말 반대말 알기

다음에서 비슷한 뜻끼리 짝지어진 것에는 '='로, 반대의 뜻끼리 짝지어진 것에는 '↔'로 나타내거나, 부호에 알맞게 어휘를 채워 보세요.

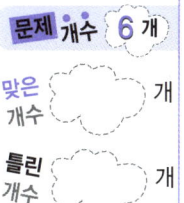

문제 개수 **6** 개

맞은 개수 　 개

틀린 개수 　 개

혼천의	=	(가 　)
유향소	(나)	향청
붕당	(다)	당파

관학파	=	(라 　)
왕조 실록	(마)	이조실록
왕비	(바)	왕후

4 큰 말 작은 말 알기

어휘의 포함관계에 따라 '＜' 또는 '＞'로 나타내고, 그림의 위치에 알맞게 어휘를 넣어 보세요.

문제 개수 **9** 개

맞은 개수 　 개

틀린 개수 　 개

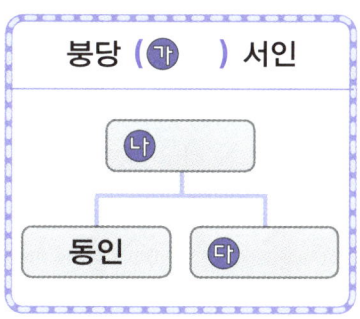
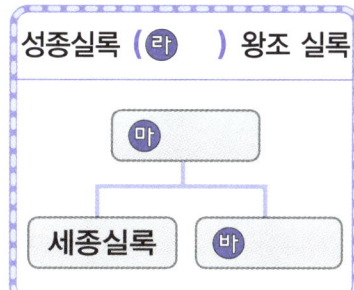
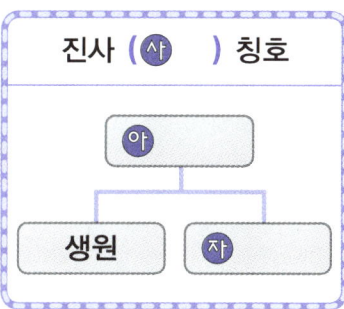

5 관용어 알기

짝을 이루는 말을 찾아 동그라미를 하고, 그 말의 뜻을 보기 에서 찾아 번호를 쓰세요.

문제 개수 **4** 개

맞은 개수 　 개

틀린 개수 　 개

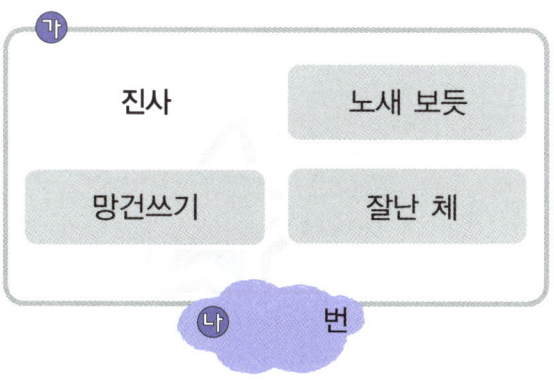
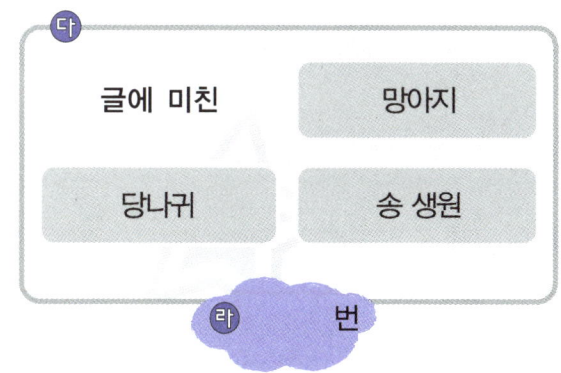

보기

① 일을 성의 없이 되는대로 함부로 하는 모양

② 어떤 한 가지 일에만 열중하여 다른 일은 다 잊고 있는 사람을 비유적으로 이르는 말

③ 무엇을 유심히 들여다보는 모양을 비유적으로 이르는 말

다음 ㉮ ~ ㉳의 ( )에 알맞은 어휘를 보기에서 찾아 번호를 쓰고, ㉲의 질문에 답해 보세요.

문제 개수 **6** 개

맞은
개수 ⬜ 개

틀린
개수 ⬜ 개

㉮ 조광조는 덕행이 높은 선비를 추천하는 ( )의 실시를 주장하였다.

㉯ 임진왜란 뒤, 조정의 관료들은 ( )을 조성하여 정치에 참여하였다.

㉰ 김종직이 지은 ( )이 원인이 되어 무오사화가 일어났다.

㉱ 과거의 소과에 합격하면 생원이 소과의 복시에 합격하면 ( )가 되었다.

㉲ 민의를 대변하고 향리를 감찰하던 ( )는 지방 수령의 자문 기관 역할을 했다.

㉳ '글에 미친 송 생원'을 넣어 짧은 글을 지어 보세요.

→ _____

보기

① 유향소　　② 현량과　　③ 조의제문　　④ 용비어천가　　⑤ 잡색군
⑥ 자격루　　⑦ 붕당　　⑧ 군역　　⑨ 진사　　⑩ 약조

총 문제 개수 **33** 개 ┊ 총 맞은 개수 ◯ 개 ┊ 총 틀린 개수 ◯ 개

상식 쑥쑥 키우는 ᄀᄂ

불황을
이기는 방법 3총사

불황을 뚫는 3총사, '공짜 상품', '한정 판매', '공동 마케팅'.

경기가 좋지 않을 때일수록, 기업들은 제품을 팔기 위해 더 많은 노력들을 한답니다. 그중에 하나가 '공짜 상품'이에요. 그 예로 '공짜 샘플'을 들 수 있어요. 신제품을 '공짜 샘플'로 나누어 주고, 이를 써 본 소비자들이 실제 구입으로 이어지도록 하는 거지요. 날마다 한 가지 상품을 정해서 90%까지 깎아서 판매하는 '한정 판매'도 인기랍니다. 평소 눈여겨봐두었던 상품을 10% 가격으로 살 수 있으니 당연히 많은 소비자들이 몰려들겠지요.

두 개 이상의 회사가 함께 판매 활동을 펼치는 '공동 마케팅'도 기업들이 선택하는 불황을 이기는 방법이에요. 상표가 다른 옷을 한 매장에서 판매하는 '공동 마케팅'이 늘고 있답니다. 기업은 매장 관리 비용과 마케팅 비용이 줄어들고, 소비자는 한 번에 여러 가지 옷을 살 수 있지요. 실제로 소비자들은 다양한 연령층의 옷을 함께 파는 매장을 많이 찾는답니다.

머리 풀어 주는 퍼즐

도전 시간	걸린 시간
00 분 30 초	분 초

창의사고력 기초 다지기 주의집중력 쑥~

보기의 순서에 따라 칸을 이동하면서 도형을 색칠해 보세요. 다 칠한 뒤에 어떤 모양이 나오나요?

보기

○ ➡ □ ➡ ☆ ➡ ○

출발
도착

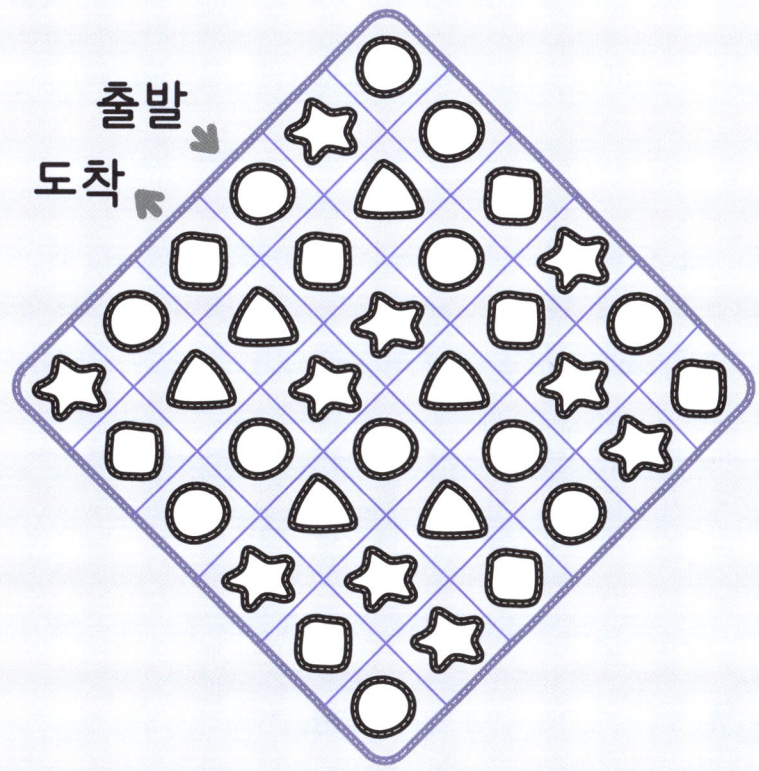

낱말이 쏙 생각이 쑥

도전시간 **7** 분 **00** 초 걸린시간 분 초

1 가로세로 어휘 찾기

다음 네모에서 알고 있는 어휘를 찾아 동그라미를 해 보세요.

여기서 찾은 어휘로 2~6번 문제를 풀어요!

북	어	사	화	전	과	자	관	점	아
망	스	토	벌	눈	어	림	짚	자	리
산	름	외	래	어	진	저	리	반	송
조	숙	함	아	무	쪼	록	낙	매	하
실	랑	이	진	퇴	양	난	심	체	다

내가 찾은 어휘 개

2 어휘 뜻 알기

다음 설명이나 그림이 뜻하는 어휘가 무엇인지 빈칸을 채워 보세요.

문제 개수 **8** 개

맞은 개수 개

틀린 개수 개

가 무덤이 많은 곳이나 사람이 죽어서 묻히는 곳을 이르는 말 ·· [ ] [ ] 산

나 차가운 것이 몸에 닿거나 무서움을 느낄 때에, 또는 몹시 싫증이 나거나 귀찮아 떨쳐지는 몸짓 ·········· [ ] [ ]

다 조금 어둑한 상태. 또는 그런 때 ·········· [ ] [ ]

라 무력으로 쳐 없앰 ·········· [ ] [ ]

마 이러지도 저러지도 못하는 어려운 처지 ········ [ ] 퇴 [ ] [ ]

바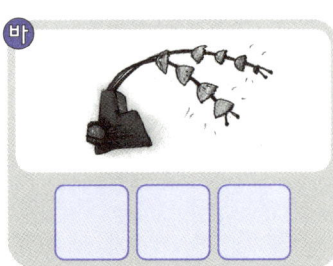
[ ] [ ] [ ]

사
짚 [ ] [ ]

아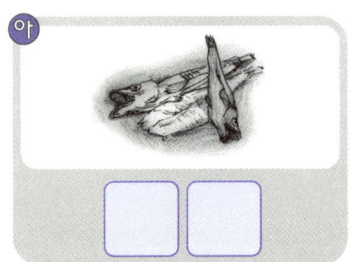
[ ] [ ]

94

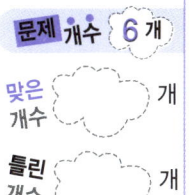

3 비슷한 말 반대말 알기

다음에서 비슷한 뜻끼리 짝지어진 것에는 '＝'로, 반대의 뜻끼리 짝지어진 것에는 '↔'로 나타내거나, 부호에 알맞게 어휘를 채워 보세요.

북망산천	＝	(가)
어스름	(나)	어슴푸레함
관점	(다)	시각

뚜렷하다	↔	(라)
눈어림	(마)	눈대중
실랑이	(바)	승강이

4 큰 말 작은 말 알기

어휘의 포함관계에 따라 '＜' 또는 '＞'로 나타내고, 그림의 위치에 알맞게 어휘를 넣어 보세요.

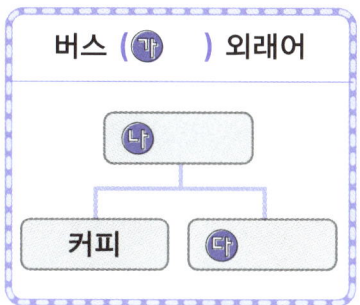

버스 (가) 외래어

(나)
├ 커피
└ (다)

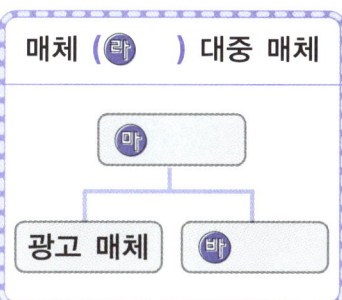

매체 (라) 대중 매체

(마)
├ 광고 매체
└ (바)

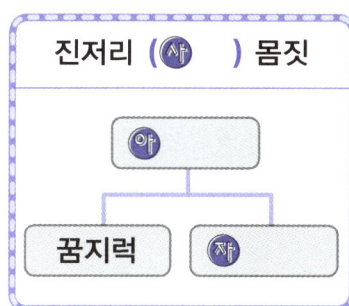

진저리 (사) 몸짓

(아)
├ 꿈지럭
└ (자)

5 관용어 알기

짝을 이루는 말을 찾아 동그라미를 하고, 그 말의 뜻을 보기 에서 찾아 번호를 쓰세요.

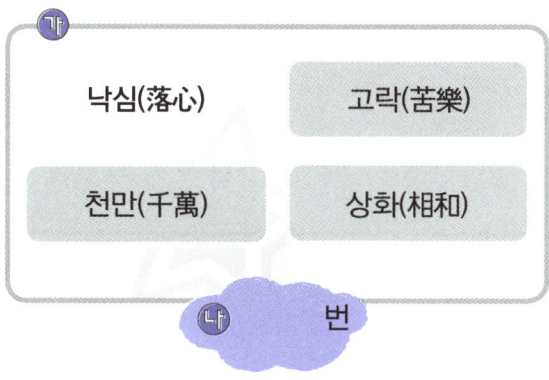

가

낙심(落心)	고락(苦樂)
천만(千萬)	상화(相和)

(나) 번

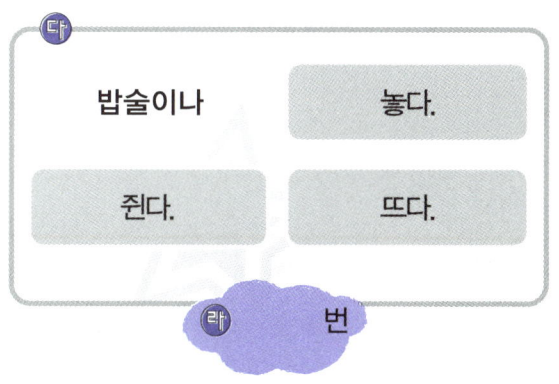

다

밥술이나	놓다.
쥔다.	뜨다.

(라) 번

보기

① 바라던 일을 이루지 못하여 마음이 몹시 상함

② 사는 형편이 쏠쏠하여 어지간히 산다.

③ 가지 아니하려고 바둥거리면서 마지못하여 끌려가는 모습

95

다음 ㉮~㉲의 ( )에 알맞은 어휘를 보기 에서 찾아 번호를 쓰고, ㉳의 질문에 답해 보세요.

문제 개수 **6** 개

맞은 개수 □ 개

틀린 개수 □ 개

㉮ 메고 가는 쌀자루가 ( )으로도 닷 말은 되어 보였다.

㉯ 마을 사람들은 감옥에서 나온 장발장을 ( )라며 받아주질 않았다.

㉰ 가지고 간 돈으로 ( ) 넓은 땅을 사두시게.

㉱ 그 문제에 대해서는 나는 너와 ( )이 달라.

㉲ 앞에는 적군이 뒤로는 강이 버티고 있어 군사들은 ( )에 빠졌다.

㉳ '진퇴양난'은 어떤 경우에 쓰는 말인지 써 보세요.

→ _____

보기
① 북망산　② 어스름　③ 토벌　④ 진저리　⑤ 진퇴양난
⑥ 짚자리　⑦ 전과자　⑧ 관점　⑨ 눈어림　⑩ 아무쪼록

총 문제 개수 **33** 개 ｜ 총 맞은 개수 ◯ 개 ｜ 총 틀린 개수 ◯ 개

글을 읽고 나서 오늘 공부를 신나게 시작하자고!

마음에 힘이 되는 소문

국시 꼬랭이를 아시나요?

　　옛날엔 국수도 집에서 만들어 먹었어요. 밀가루를 반죽해서 얇게 밀어 국수를 만들었지요. 이때 밀어놓은 반죽을 반듯하게 하려고 잘라낸 자투리가 바로 국시 꼬랭이랍니다. 먹을 것이 귀하던 시절, 국시 꼬랭이는 훌륭한 간식이었어요. 엄마가 주는 국시 꼬랭이를 얼른 받아 아궁이 불에다 노릇노릇 구워 먹으면 정말 맛있었답니다.

　　지금은 국수를 만들어 먹는 집도, 국수 꼬랭이를 불에 구워 먹는 어린이도 없어요. 생활이 편해지고 먹을 것이 풍족하기 때문이에요. 너무나 먹을 것이 많다 보니, 음식 쓰레기가 넘쳐 나는 세상이에요. 먹을 것이 귀하던 시절을 생각한다면 필요 이상으로 음식을 준비하거나 음식을 함부로 버리지는 못할 거예요.

　　여러분도 음식을 먹을 때면 국시 꼬랭이를 생각하세요. 먹다 남은 과자도 꽁꽁 묶어 두고 밥도 남기지 않고 다 먹게 될 거랍니다.

22회 머리 풀어 주는 퍼즐

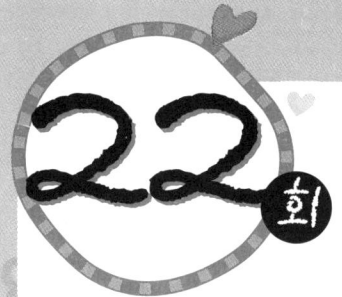

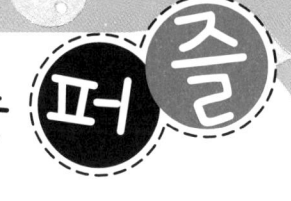

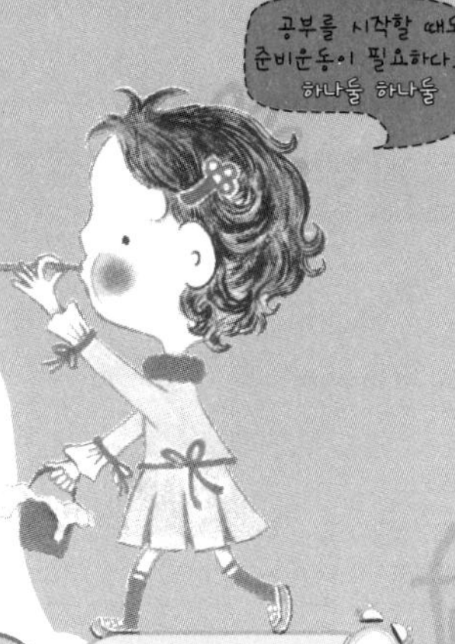

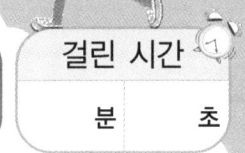

도전 시간		걸린 시간	
00 분	20 초	분	초

창의사고력 기초 다지기 연상추리력 쑥~

밤하늘을 관찰하는데 달의 모양이 보기처럼 계속 변했습니다. ?에 나올 달은 어떤 모양일까요?

보기

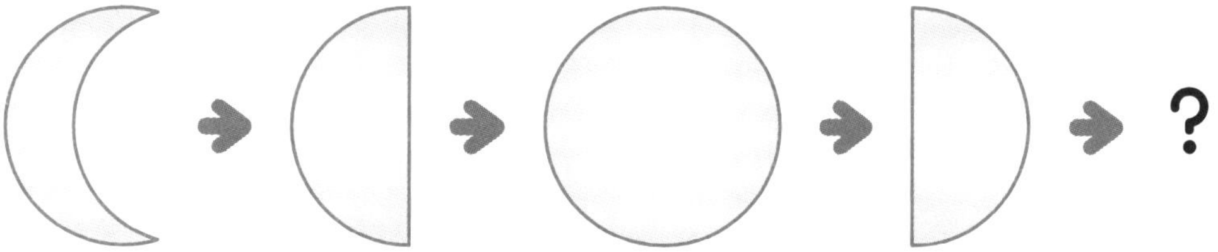

❶

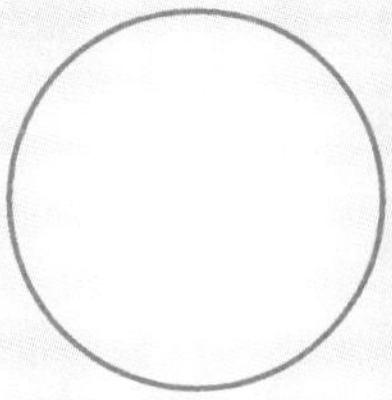

❷

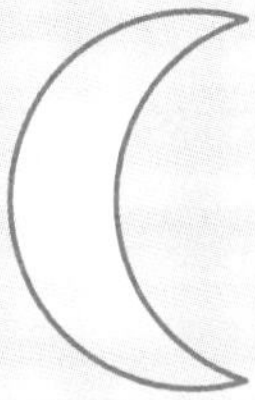

❸

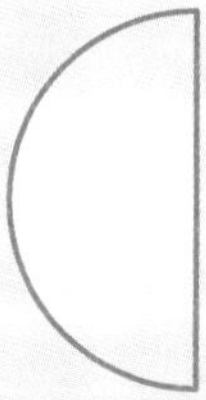

❹

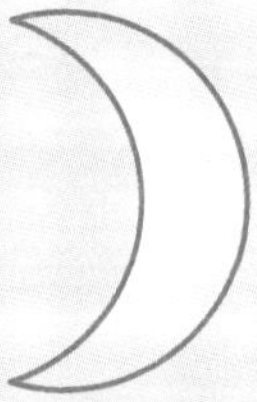

번

날말이 쏙 생각이 쑥

1 가로세로 어휘 찾기

다음 네모에서 알고 있는 어휘를 찾아 동그라미를 해 보세요.

여기서 찾은 어휘로 2~6번 문제를 풀어요!

통	말	미	암	아	개	발	도	상	국
역	엘	라	니	냐	증	진	적	극	적
서	니	황	훼	손	우	개	척	정	신
식	뇨	사	막	화	호	유	네	스	코
기	아	기	상	이	변	인	도	주	의

내가 찾은 어휘 ☁ 개

2 어휘 뜻 알기

다음 설명이나 그림이 뜻하는 어휘가 무엇인지 빈칸을 채워 보세요.

문제 개수 8 개

맞은 개수 ☁ 개
틀린 개수 ☁ 개

㉮ 어떤 현상이나 사물 따위가 원인이나 이유가 되어⋯⋯ ☐ ☐ 미 ☐ ☐

㉯ 산업의 근대화와 경제 개발이 뒤떨어진 나라⋯ ☐ ☐ 도 ☐ 국

㉰ 적도 부근의 동부 태평양에서, 바다의 수온이 비정상적으로 낮아지는 현상
⋯⋯⋯⋯⋯⋯⋯⋯⋯⋯⋯⋯⋯⋯⋯⋯⋯⋯⋯⋯ ☐ ☐ 냐

㉱ 새로운 운명, 진로를 열어 나가겠다는 마음 자세나 태도 ☐ ☐ 정 신

㉲ 사회를 좋게 만들어 모든 사람이 인간답고 행복하게 살게 만드는 것을 목적으로 하는 주의⋯⋯⋯⋯⋯⋯⋯⋯⋯⋯⋯⋯⋯⋯⋯ ☐ ☐ 주 의

㉳

☐ ☐

㉴
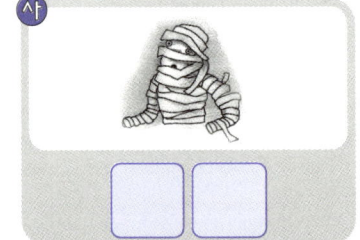
☐ ☐

㉵

☐ 사

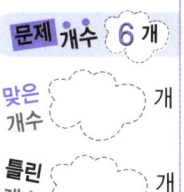

3 비슷한 말 반대말 알기

다음에서 비슷한 뜻끼리 짝지어진 것에는 '＝'로, 반대의 뜻끼리 짝지어진 것에는 '↔'로 나타내거나, 부호에 알맞게 어휘를 채워 보세요.

인하여	＝	(가)
개발 도상국	(나)	선진국
인도주의	(다)	휴머니즘

소극적	↔	(라)
기아	(마)	굶주림
훼손	(바)	손상

4 큰 말 작은 말 알기

어휘의 포함관계에 따라 '＜' 또는 '＞'로 나타내고, 그림의 위치에 알맞게 어휘를 넣어 보세요.

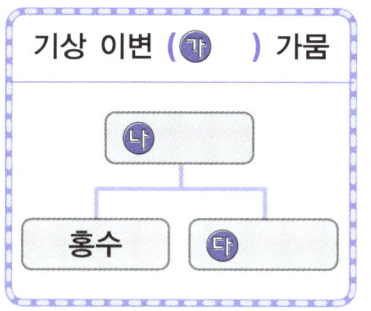

기상 이변 (가) 가뭄

(나)
├ 홍수
└ (다)

국제기구 (라) 유네스코

(마)
├ 엠네스티
└ (바)

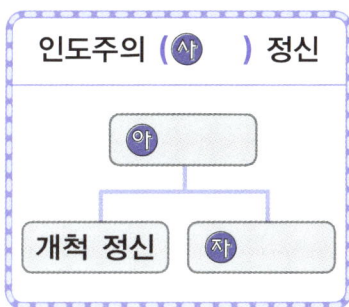

인도주의 (사) 정신

(아)
├ 개척 정신
└ (자)

5 관용어 알기

짝을 이루는 말을 찾아 동그라미를 하고, 그 말의 뜻을 보기 에서 찾아 번호를 쓰세요.

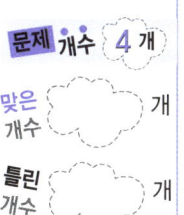

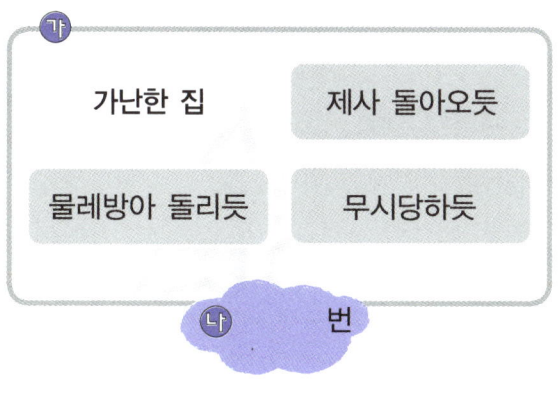

(가)

가난한 집   제사 돌아오듯
물레방아 돌리듯   무시당하듯

(나) 번

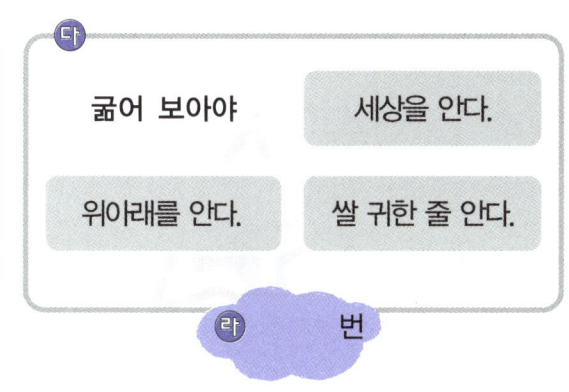

(다)

굶어 보아야   세상을 안다.
위아래를 안다.   쌀 귀한 줄 안다.

(라) 번

보기

① 무슨 물건이 탐탁하지 못하고 어색해 보이며 값없어 보임을 이르는 말
② 굶주릴 정도로 고생을 겪어 보아야 세상을 알게 된다는 말
③ 힘든 일이 자주 닥쳐옴을 비유적으로 이르는 말

다음 ㉮ ~ ㉲ 의 ( )에 알맞은 어휘를 보기 에서 찾아 번호를 쓰고, ㉳ 의 질문에 답해 보세요.

문제 개수 6 개

맞은 개수 ( ) 개

틀린 개수 ( ) 개

> ㉮ 선진국들의 경제 정책은 자국뿐 아니라 많은 ( )의 경제에 영향을 미친다.
>
> ㉯ 오랜 가뭄으로 ( )에 시달리고 있는 북한에 정부는 ( )적 차원에서 쌀을 지원하기로 했다.
>
> ㉰ 나로 ( ) 너까지 곤란해지는 상황은 원하지 않는다.
>
> ㉱ 전쟁으로 이라크의 많은 문화재들이 ( )되었다.
>
> ㉲ ( )으로 겨울이 다가기도 전에 봄꽃들이 피어나고 있다.
>
> ㉳ '가난한 집 제사 돌아오듯'을 넣어 짧은 글을 지어 보세요.
>
> →

보기
① 말미암아   ② 개발 도상국   ③ 라니냐   ④ 개척 정신   ⑤ 인도주의
⑥ 기아   ⑦ 미라   ⑧ 황사   ⑨ 훼손   ⑩ 기상 이변

총 문제 개수 (33) 개 | 총 맞은 개수 ( ) 개 | 총 틀린 개수 ( ) 개

글을 읽고 나서 오늘 공부를 신나게 시작하자고!

생각하고 되새기는

반포지효의 유래

옛날 어떤 마을에 불효자로 소문난 사람이 살았습니다. 늙고 병든 어머니를 어찌나 구박하는지 사람들이 모두 그 어머니를 불쌍히 여겼답니다.

어느 날 불효자는 산으로 나무를 하러 갔습니다. 한참을 가는데 어디선가 까마귀 울음소리가 시끄럽게 들렸습니다. 소리가 나는 쪽으로 가 보니 젊은 까마귀가 늙고 병든 어미 까마귀에게 먹이를 가져다주고 있었습니다. 까마귀를 보던 불효자는 생각했습니다.

'아! 까마귀도 어미의 은혜를 알고 저렇게 봉양을 하는데, 사람인 나는 어떻게 했던가!'

그 뒤 불효자는 세상에 둘도 없는 효자가 되어 병든 어머니를 극진히 모셨답니다. 사람들은 효자가 된 불효자를 보며, '반포지효'라고 했답니다.

'반포지효(反哺之孝)'는 어미를 봉양하는 까마귀의 효를 뜻하는 말로 지극한 효심을 의미한답니다.

머리 풀어 주는 퍼즐

도전 시간	걸린 시간
00 분 20 초	분 초

창의사고력 기초 다지기 판단능력 쑥~

철수와 영희, 민호가 네모난 케이크를 잘라 똑같이 나눠 먹으려고 합니다. 딱 3번만 칼을 댈 수 있다면, 어떻게 잘라야 똑같은 모양과 크기로 공평하게 나눠 먹을 수 있을까요?

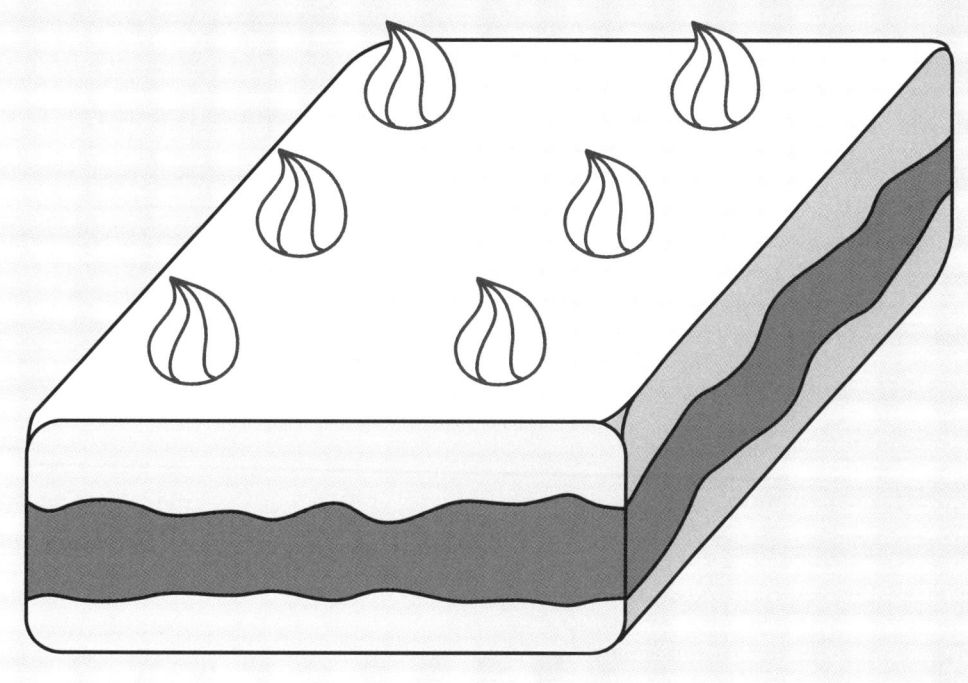

날말이 **쏙** 생각이 **쑥**

1 가로세로 어휘 찾기

다음 네모에서 알고 있는 어휘를 찾아 동그라미를 해 보세요.

여기서 찾은 어휘로 2~6번 문제를 풀어요!

덕	업	상	권	환	난	상	휼	서	원
과	예	속	상	교	문	서	승	임	흉
실	충	초	량	객	사	의	병	진	수
상	무	한	산	대	첩	반	정	왜	군
규	공	통	신	사	정	유	재	란	★

내가 찾은 어휘 ⬜ 개

2 어휘 뜻 알기

다음 설명이나 그림이 뜻하는 어휘가 무엇인지 빈칸을 채워 보세요.

문제 개수 **8** 개

맞은 개수 ⬜ 개

틀린 개수 ⬜ 개

가 좋은 일은 서로 권하여 장려해야 함 ·········· ⬜ ⬜ 상 ⬜

나 서로 사귀는 데 있어 예의를 지켜야 함 ·········· ⬜ ⬜ 상 ⬜

다 승려들로 조직된 군대 ·········· ⬜ ⬜

라 옳지 못한 임금을 폐위하고 새 임금을 세워 나라를 바로잡음 ··· ⬜ ⬜

마 조선 시대에, 선비가 모여서 학문을 강론하고, 석학이나 충절로 죽은 사람을 제시 지내던 곳 ·········· ⬜ ⬜

바
통 ⬜ ⬜

사
⬜ 량 ⬜ 사

아
⬜ ⬜ 군

3 비슷한 말 반대말 알기

다음에서 비슷한 뜻끼리 짝지어진 것에는 '='로, 반대의 뜻끼리 짝지어진 것에는 '↔'로 나타내거나, 부호에 알맞게 어휘를 채워 보세요.

승군	=	(가)
문서	(나)	서류
왜군	(다)	일본군

세습	=	(라)
수악	(마)	원흉
수군	(바)	해군

4 큰 말 작은 말 알기

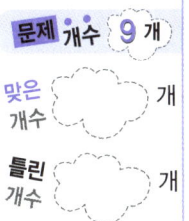

어휘의 포함관계에 따라 '<' 또는 '>'로 나타내고, 그림의 위치에 알맞게 어휘를 넣어 보세요.

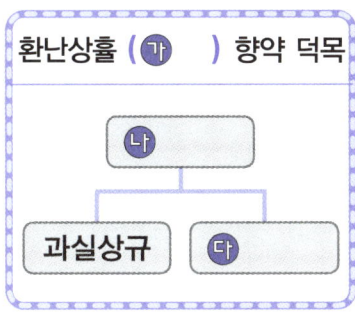

환난상휼 (가) 향약 덕목 — 나 — 과실상규 / 다

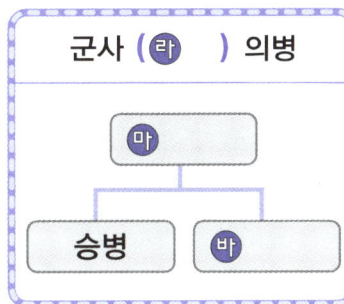

군사 (라) 의병 — 마 — 승병 / 바

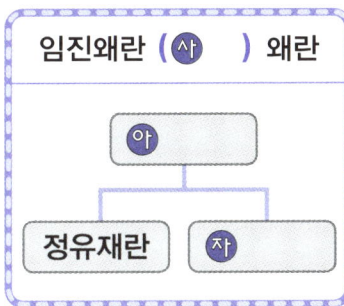

임진왜란 (사) 왜란 — 아 — 정유재란 / 자

5 관용어 알기

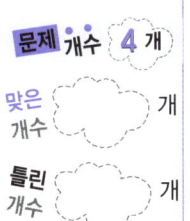

짝을 이루는 말을 찾아 동그라미를 하고, 그 말의 뜻을 보기 에서 찾아 번호를 쓰세요.

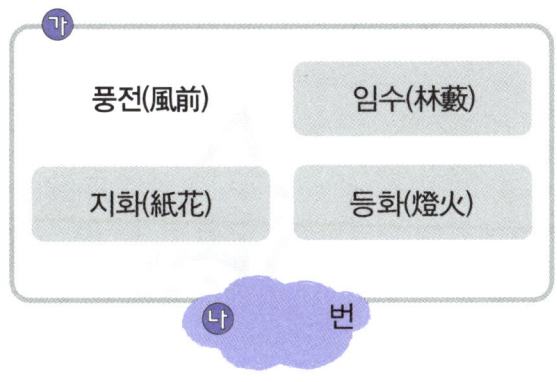

가

풍전(風前)　임수(林藪)
지화(紙花)　등화(燈火)

나 번

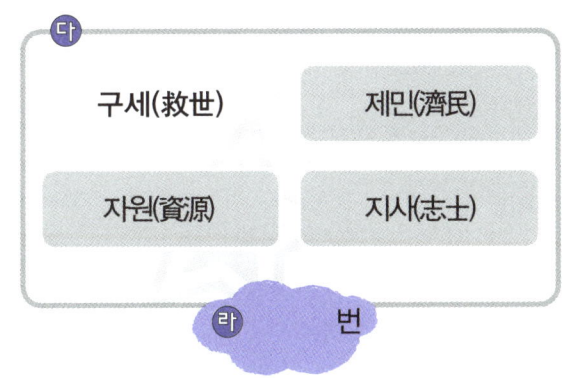

다

구세(救世)　제민(濟民)
자원(資源)　지사(志士)

라 번

보기

① 사물이 매우 위태로운 처지에 놓여 있음을 비유적으로 이르는 말
② 어지러운 세상을 구원하고 고통 받는 백성을 구제함
③ 말로는 옳다 하면서 마음속으로는 그르게 여김

다음 ㉮~㉺의 ( )에 알맞은 어휘를 보기에서 찾아 번호를 쓰고, ㉻의 질문에 답해 보세요.

㉮ 이웃이라도 나쁜 행실을 하지 못하도록 규제하는 (   )의 마음이 필요하다.

㉯ 임진왜란 뒤, 조선은 일본의 요청으로 사신인 (   )를 파견하였다.

㉰ 휴정과 유정은 스님들로 이루어진 (   )을 이끌고 왜적을 물리쳤다.

㉱ 연산군의 폭정이 심해지자 신하들은 (   )을 일으키고 중종을 왕으로 세웠다.

㉲ 일본에서 건너온 사신들은 (   )에 머물렀다.

㉳ '풍전등화(風前燈火)'는 어떤 경우에 쓰는 말인지 써 보세요.

→ _____

보기
① 환난상휼   ② 과실상규   ③ 승병   ④ 반정   ⑤ 서원
⑥ 통신사   ⑦ 초량 객사   ⑧ 수군   ⑨ 상속   ⑩ 충무공

총 문제 개수 ㉝ 개 | 총 맞은 개수 ◯ 개 | 총 틀린 개수 ◯ 개

공부 의욕 다지는
스스로
공부계획 세우기

글을 읽고 나서 오늘 공부를 신나게 시작하자고!

스스로 공부 계획을 세워 보세요. 엄마가 시켜서 하는 공부보다 훨씬 알차게 공부할 수 있답니다.

계획은 주간 계획과 일일 계획으로 나누어서 세워 보세요. 한 주 동안 자신의 스케줄을 살펴보고, 날마다 해야 할 숙제와 예습과 복습, 학습지와 학원의 학습량을 점검하고 공부할 순서를 정해 보세요. 만약 중간고사와 기말고사를 앞두고 있다면 시험공부 계획을 세워 보세요. 시험 날짜와 함께 시험 과목과 시험 범위를 점검한 뒤, 날마다 어떤 과목을 얼마큼 공부할지 계획을 세우는 거예요. 부족한 과목은 더 많이 집중적으로, 자신있는 과목은 조금 짧게 계획을 세우는 거예요.

혼자서 공부 계획을 세우기가 힘들다면, 부모님에게 도움을 요청해 보세요. 하지만 이때도 엄마가 계획을 세워 주어서는 안 돼요. 엄마는 그저 도움을 주는 정도여야 한답니다. 스스로 세운 계획이어야만 자신과의 약속을 지키기 위해 더욱 노력할 테니까요.

24회

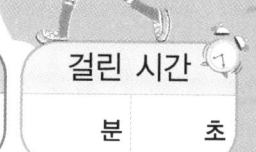

도전 시간	걸린 시간
00 분 50 초	분 초

창의사고력 기초 다지기 정보처리능력 쑥~

TV가 고장나서 채널 선택이 다음과 같은 규칙으로만 됩니다. 채널을 다섯 번 돌렸을 때 TV에 나오는 번호는 몇 번일까요?

설명

ㄱ. TV를 켜면 2번 채널이 나온다.

ㄴ. 짝수 채널에서 돌리면 그 수에 3을 더한 수가 화면에 나타난다.

ㄷ. 홀수 채널에서 돌리면 그 수에 1을 더한 수가 화면에 나타난다.

번

낱말이 쏙 생각이 쑥

1 가로세로 어휘 찾기

다음 네모에서 알고 있는 어휘를 찾아 동그라미를 해 보세요.

여기서 찾은 어휘로 2~6번 문제를 풀어요!

돌	입	방	아	기	필	코	백	내	장
팔	날	삯	수	긍	환	호	성	사	호
매	치	일	★	형	사	글	세	방	사
질	화	근	도	벽	청	국	장	천	다
육	중	하	다	덧	문	새	옹	지	마

내가 찾은 어휘 　　　개

2 어휘 뜻 알기

다음 설명이나 그림이 뜻하는 어휘가 무엇인지 빈칸을 채워 보세요.

문제 개수 8 개

맞은 개수 　개

틀린 개수 　개

⑦ 어떤 사실을 화제로 삼아 이러쿵저러쿵 쓸데없이 입을 놀리는 일 …………………………………… [입][　][　]

④ 남의 집이나 방을 빌려 쓰는 값으로 다달이 내는 세 …………… [　][　][세]

⑤ 기뻐서 크게 부르짖는 소리 …………………………………… [　][　][성]

④ 좋은 일에는 흔히 방해되는 일이 많음 …………… [　][　][다]

⑩ 인생의 길흉화복은 변화가 많아서 예측하기가 어렵다는 말 …………… [　][　][　][마]

[　][　][　][질]

[　][도][　]

[　][　]

106

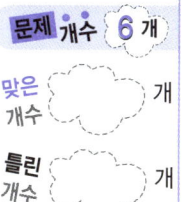
다음에서 비슷한 뜻끼리 짝지어진 것에는 '='로, 반대의 뜻끼리 짝지어진 것에는 '↔'로 나타내거나, 부호에 알맞게 어휘를 채워 보세요.

반드시	=	(가)
겉창	(나)	덧문
사글세	(다)	전세

납득	=	(라)
화근	(마)	화근거리
새옹지마	(바)	새옹화복

어휘의 포함관계에 따라 '<' 또는 '>'로 나타내고, 그림의 위치에 알맞게 어휘를 넣어 보세요.

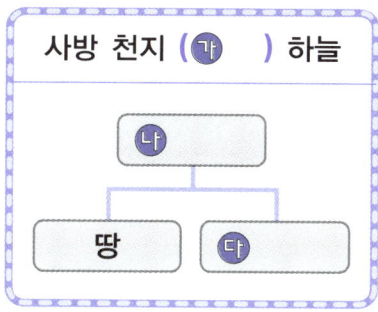

사방 천지 (가) 하늘
나
땅 / 다

백내장 (라) 눈병
마
결막염 / 바

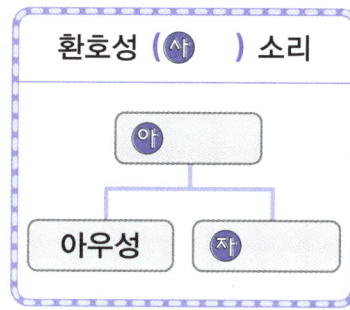

환호성 (사) 소리
아
아우성 / 자

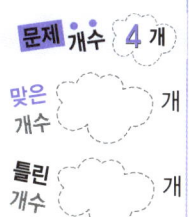
짝을 이루는 말을 찾아 동그라미를 하고, 그 말의 뜻을 보기 에서 찾아 번호를 쓰세요.

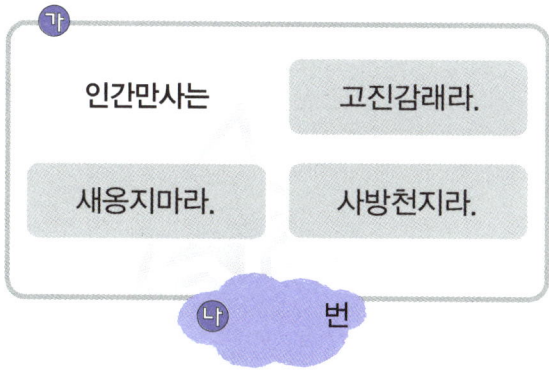

가
인간만사는   고진감래라.
새옹지마라.   사방천지라.
나   번

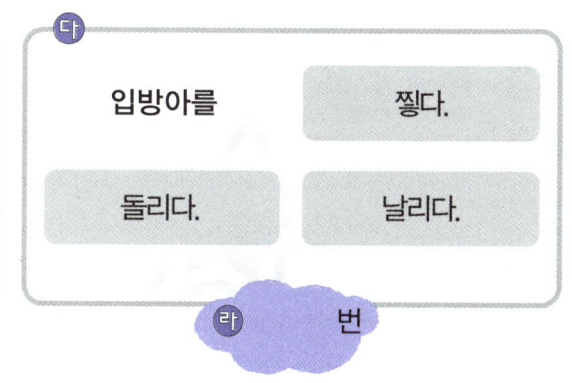

다
입방아를   찧다.
돌리다.   날리다.
라   번

보기

① 세상의 일은 변하지 않는 것이 아니라 돌고 돈다는 말
② 말을 방정맞게 자꾸 하다.
③ 인간의 길흉화복은 돌고 돈다는 뜻으로, 인생의 덧없음을 비유적으로 이르는 말

다음 ㉮~㉲의 ( )에 알맞은 어휘를 [보기]에서 찾아 번호를 쓰고, ㉳의 질문에 답해 보세요.

㉮ 보름 뒤 있을 기말고사에 대비하여, 오늘부터 나는 시험공부에 ( )할 것이다.

㉯ ( )라고 합격과 승진 소식이 연이어 들리더니 결국 사고 소식도 듣는구나.

㉰ 어릴 때부터 시작된 ( )을 고치지 못한 그는 결국 감옥에 갇히고 말았다.

㉱ 사람들의 ( )에 오르내려 좋을 것이 없으니 항상 행동을 조심하도록 해라.

㉲ 역전골이 들어가자 관중들은 ( )을 질렀다.

㉳ '인간만사는 새옹지마라.' 는 어떤 경우에 쓰는 말인지 써 보세요.

→ _____

보기

① 입방아   ② 돌입   ③ 새옹지마   ④ 호사다마   ⑤ 사글세

⑥ 환호성   ⑦ 돌팔매질   ⑧ 수긍   ⑨ 도벽   ⑩ 육중한

총 문제 개수 **33** 개 | 총 맞은 개수 ◯ 개 | 총 틀린 개수 ◯ 개

상식 쑥쑥 키우는 72

글을 읽고 나서 오늘 공부를 신나게 시작하자고!

외환 보유액이 무엇인가요?

한동안 뉴스에서 '외환 보유액' 이란 낱말이 많이 나온 적이 있어요. 외환 보유액이란 한 나라가 비상시를 대비해서 갖고 있는 외국 돈을 말해요.

나라 살림도 급한 일이 생길 수 있어요. 예를 들면 외국에서 빌린 빚을 급하게 갚아야 한다거나 수출이 잘 되지 않아서 외화를 많이 벌어들이지 못할 때 필요한 외화를 미리 준비해 놓는 거예요. 즉, 나라의 비상금인 셈이지요.

외환 보유액이 적으면 외국에 진 빚을 갚을 수 없다는 뜻이라 다른 나라들이 돈을 빌려주거나 거래를 하지 않는답니다. 따라서 어느 나라든 외환 보유액을 적정하게 유지해야만 한답니다.

도전 시간	걸린 시간
00 분 30 초	분 초

창의사고력 기초 다지기 계산능력 쓱~

작은 상자 하나에 사과가 세 개씩 들어 있어요. 전체 상자에 사과가 모두 몇 개 들어 있을까요?

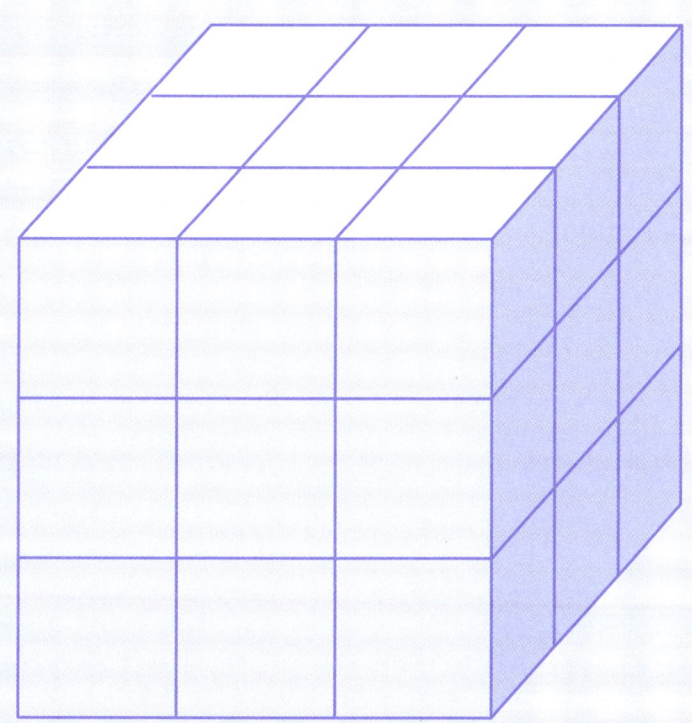

개

날말이 쏙 생각이 쑥

1 가로세로 어휘 찾기

다음 네모에서 알고 있는 어휘를 찾아 동그라미를 해 보세요.

여기서 찾은 어휘로 2~6번 문제를 풀어요!

장	발	굽	승	전	보	점	토	당	부
인	돈	종	주	국	아	누	투	향	사
정	움	각	광	풍	한	마	문	정	복
신	펜	팔	모	토	대	루	지	탐	마
광	활	하	다	병	휴	면	기	질	수

내가 찾은 어휘 ___ 개

2 어휘 뜻 알기

다음 설명이나 그림이 뜻하는 어휘가 무엇인지 빈칸을 채워 보세요.

문제 개수 8 개

맞은 개수 ___ 개

틀린 개수 ___ 개

가 심혈을 기울여 물건을 만드는 것과 같이 정성을 다하는 마음 자세 ⋯⋯ [ ][ ] 정 신

나 지향하는 상태나 위치로 나아감 ⋯⋯⋯⋯⋯⋯⋯⋯ 발 [ ]

다 싸움에 이긴 경과를 적은 기록 ⋯⋯⋯⋯⋯⋯⋯⋯ [ ][ ] 보

라 문화적 현상과 같은 어떤 대상이 처음 시작한 나라 ⋯⋯⋯ [ ][ ] 국

마 동식물이 생활 기능을 활발히 하지 아니하거나 발육을 정지하는 기간
⋯⋯⋯⋯⋯⋯⋯⋯⋯⋯⋯⋯⋯⋯⋯⋯⋯⋯⋯ [ ][ ] 기

바
[ ][ ][ ]

사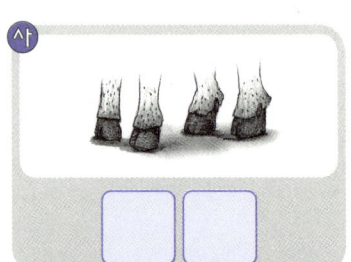
[ ][ ]

아
[ ] 마

3 비슷한 말 반대말 알기

문제 개수 6 개
맞은 개수 개
틀린 개수 개

다음에서 비슷한 뜻끼리 짝지어진 것에는 '='로, 반대의 뜻끼리 짝지어진 것에는 '↔'로 나타내거나, 부호에 알맞게 어휘를 채워 보세요.

굽	=	(㉮)
당부	(㉯)	신신당부
종주국	(㉰)	종속국

정복	↔	(㉣)
투항	(㉤)	항복
문지기	(㉥)	문직

4 큰말 작은 말 알기

문제 개수 9 개
맞은 개수 개
틀린 개수 개

어휘의 포함관계에 따라 '<' 또는 '>'로 나타내고, 그림의 위치에 알맞게 어휘를 넣어 보세요.

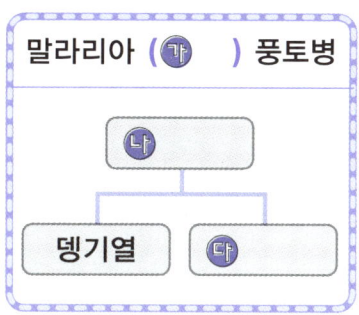
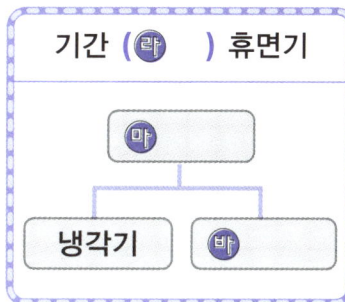
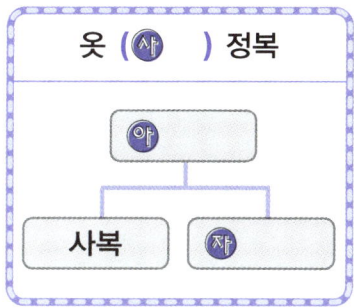

5 관용어 알기

문제 개수 4 개
맞은 개수 개
틀린 개수 개

짝을 이루는 말을 찾아 동그라미를 하고, 그 말의 뜻을 보기 에서 찾아 번호를 쓰세요.

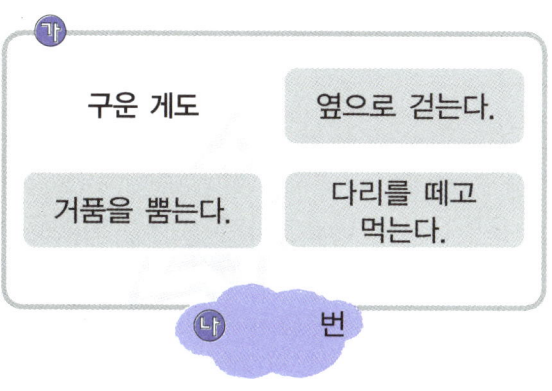
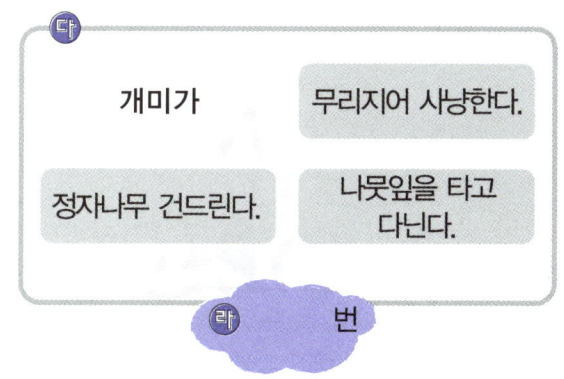

보기

① 틀림없을 듯하더라도 만일을 생각하여 세심한 주의를 기울여야 낭패가 없음
② 힘없는 사람이 큰 세력에 맞서서 덤빔을 비유적으로 이르는 말
③ 심술이 매우 고약함을 비유적으로 이르는 말

111

다음 ㉮~㉲의 ( )에 알맞은 어휘를 보기에서 찾아 번호를 쓰고, ㉳의 질문에 답해 보세요.

㉮ 독립을 위해 무엇이건 하고 싶었던 김구 선생은 정부의 (   )를 자청하였다.

㉯ 테니스는 영국, 쿵푸는 중국, 그리고 태권도는 우리나라가 (   )이다.

㉰ 열대 지방을 여행할 때는 말라리아나 뎅기열 같은 (   )을 조심하세요.

㉱ 대부분의 병사는 죽고 적게나마 살아남은 자들은 모두 (   )하였다.

㉲ 공부를 하는 것은 좀 더 나은 내가 되기 위해 (   )하는 것이다.

㉳ '개미가 정자나무 건드린다.' 는 어떤 경우에 쓰는 말인지 써 보세요.

→ _____

보기
① 장인정신　　② 발돋움　　③ 승전보　　④ 종주국　　⑤ 휴면기
⑥ 발굽　　⑦ 문지기　　⑧ 누마루　　⑨ 풍토병　　⑩ 투항

총 문제 개수 (33) 개　　총 맞은 개수 ( ) 개　　총 틀린 개수 ( ) 개

글을 읽고 나서 오늘 공부를 신나게 시작하자고!

마음에 힘이 되는 글

고정관념을 바꿔요

　하늘이 꾸물거리면 여러분은 가장 먼저 무엇을 챙기나요? 아마 우산일 거예요. 오늘날 우산은 비오는 날의 필수품이지만 예전에는 그렇지 않았답니다.

　우산을 필수품으로 만든 사람은 '조나스 한웨이' 라는 영국 신사예요. 그는 1750년부터 30년 동인 외출할 때면 늘 우산을 삿고 다녔답니다. 사람들은 그에게 '여자처럼 우산이나 갖고 다니다니.' 하며 놀렸어요. 이때 사람들은 우산을 여자나 가지고 다니는 물건으로 여겼거든요. 하지만 그는 비를 맞지 않기 위해서 누구나 꼭 우산을 가지고 다녀야 한다고 생각했어요. 그의 노력 덕분에 런던 시민들도 차차 우산을 갖고 다니기 시작했고 생활 필수품으로 자리잡게 되었답니다.

　사람들이 어떤 일에 대해 이비 갖고 있는 생각을 고정관념이라고 하는데, 이를 변화시키는 것은 무척 어려운 일이랍니다. 여성만이 우산을 사용한다고 생각한 런던 시민들처럼 말이에요. 하지만 조금씩 노력하면 고정관념도 바꿀 수 있답니다.

머리 풀어 주는 **퍼** **즐**

공부를 시작할 때도
준비운동이 필요하다고!
하나둘 하나둘

도전 시간	걸린 시간
00 분 20 초	분 초

창의사고력 기초 다지기 주의집중력 쑥~

다음 그림에서 원과 원이 만나는 부분에 동그라미 해 보세요. 모두 몇 개인가요?

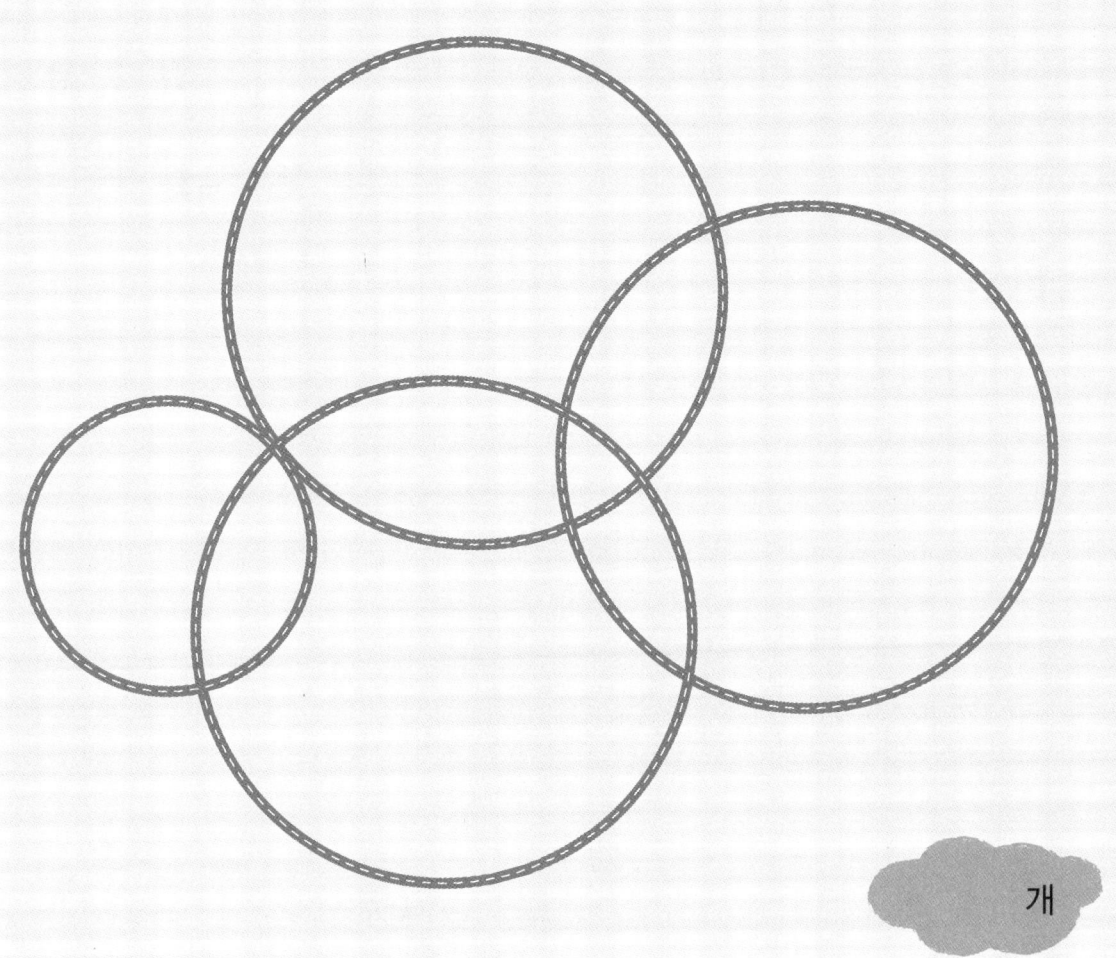

개

날말이 쏙 생각이 쑥

도전시간 7 분 50 초 · 걸린시간 분 초

1 가로세로 어휘 찾기

여기서 찾은 어휘로 2~6번 문제를 풀어요!

다음 네모에서 알고 있는 어휘를 찾아 동그라미를 해 보세요.

광	해	군	북	나	환	동	의	보	감
중	북	벌	관	선	국	탕	정	친	인
립	학	비	대	정	정	평	묘	명	조
외	론	변	첩	벌	치	책	호	배	반
교	란	사	비	병	자	호	란	금	정

내가 찾은 어휘 ⬭ 개

2 어휘 뜻 알기

다음 설명이나 그림이 뜻하는 어휘가 무엇인지 빈칸을 채워 보세요.

문제 개수 **8** 개

맞은 개수 ⬭ 개
틀린 개수 ⬭ 개

㉮ 조선 시대에, 의관(醫官)인 허준이 편찬한 의학서 ···· [ ][의][ ][ ]

㉯ 조선 숙종 때, 서인과 남인의 권력이 바뀌어 가며 했던 정치
········· [ ][ ][정][ ]

㉰ 조선 효종 때, 청나라의 요청으로 러시아를 친 싸움·· [ ][ ][정][ ]

㉱ 청나라의 앞선 문물제도와 생활 양식을 받아들이자고 했던 주장
········· [ ][ ][론]

㉲ 중국의 청나라가 조선을 침입하여 일어난 난리······ [ ][ ][ ][란]

㉳
[ ][ ][대][첩][ ]

㉴
[ ][명][ ][금]

㉵
[ ][ ][책]

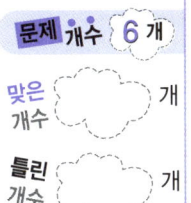

3 비슷한 말 반대말 알기

문제 개수 6 개

맞은 개수 □ 개

틀린 개수 □ 개

다음에서 비슷한 뜻끼리 짝지어진 것에는 '='로, 반대의 뜻끼리 짝지어진 것에는 '↔'로 나타내거나, 부호에 알맞게 어휘를 채워 보세요.

탕평	=	(㉮)
관선	(㉯)	민선
등거리 외교	(㉰)	중립 외교

남벌	↔	(㉣)
배반	(㉤)	배신
교란	(㉥)	어지럽힘

4 큰 말 작은 말 알기

문제 개수 9 개

맞은 개수 □ 개

틀린 개수 □ 개

어휘의 포함관계에 따라 '<' 또는 '>'로 나타내고, 그림의 위치에 알맞게 어휘를 넣어 보세요.

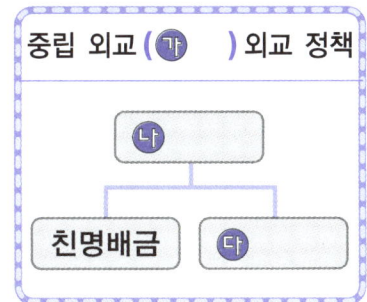

중립 외교 (㉮) 외교 정책
ㄴ
친명배금 (㉰)

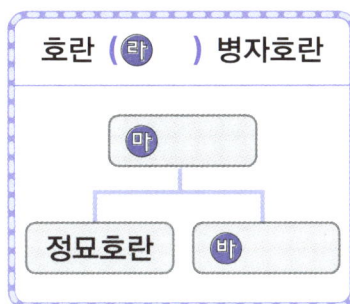

호란 (㉣) 병자호란
ㅁ
정묘호란 (㉥)

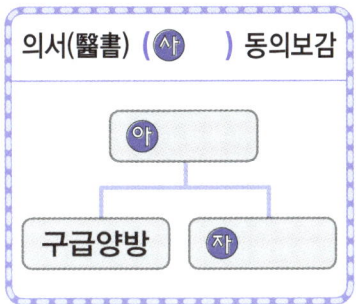

의서(醫書) (㉾) 동의보감
ㅇ
구급양방 (㉿)

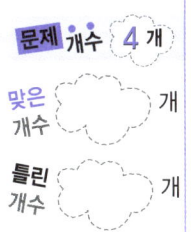

5 관용어 알기

문제 개수 4 개

맞은 개수 □ 개

틀린 개수 □ 개

짝을 이루는 말을 찾아 동그라미를 하고, 그 말의 뜻을 보기 에서 찾아 번호를 쓰세요.

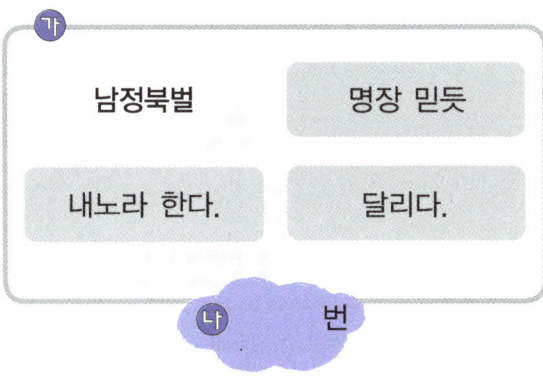

㉮

남정북벌   명장 믿듯

내노라 한다.   달리다.

㉯ 번

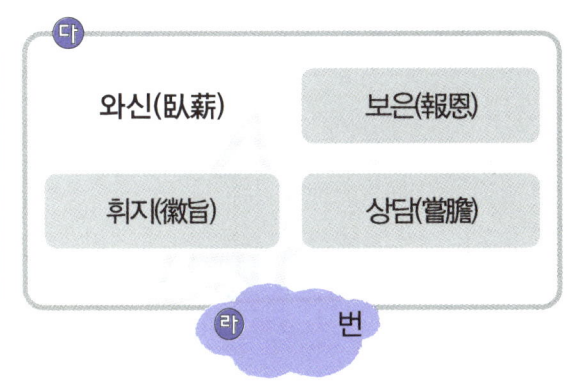

㉰

와신(臥薪)   보은(報恩)

휘지(徽旨)   상담(嘗膽)

㉣ 번

보기

① 원수를 갚거나 마음먹은 일을 이루기 위하여 온갖 어려움과 괴로움을 참고 견딤
② 죽은 뒤에라도 은혜를 잊지 않고 갚음을 이르는 말
③ 전적으로 기대하고 의지함을 비유적으로 이르는 말

6 어휘 활용하기

다음 ㉮ ~ ㉪ 의 ( )에 알맞은 어휘를 보기 에서 찾아 번호를 쓰고, ㉫ 의 질문에 답해 보세요.

문제 개수 **6** 개

맞은 개수 ◯ 개

틀린 개수 ◯ 개

㉮ 금나라의 힘이 강해지자 ( )은 명과 금 사이에서 ( )를 펼쳤다.

㉯ 숙종의 ( )로 장희빈과 인현왕후의 운명 역시 달라졌다.

㉰ 청의 선진 문물을 받아들이자는 ( )은 실학자들에 의해 주장되었다.

㉱ 왕이 된 영조는 붕당을 가리지 않고 인재를 등용하는 ( )을 실시하였다.

㉲ 삼전도의 굴욕은 조선의 자존심을 건드렸고 이로 인한 ( )의 생각이 널리 확산되었다.

㉳ '와신상담'은 어떤 경우에 쓰는 말인지 써 보세요.

→ _____

보기
① 동의보감 ② 환국 정치 ③ 나선 정벌 ④ 북학론 ⑤ 병자호란
⑥ 친명 배금 ⑦ 탕평책 ⑧ 중립 외교 ⑨ 광해군 ⑩ 교란

총 문제 개수 (33) 개 　 총 맞은 개수 ◯ 개 　 총 틀린 개수 ◯ 개

글을 읽고 나서 오늘 공부를 신나게 시작하자고!

생각하고 되새기는

'청출어람'의 유래

옛날 중국 남북조 시대에 '이밀'이라는 사람이 있었습니다. 그는 북위라는 나라의 사람이 었는데, 어려서 스승으로 공번을 모시고 공부하였답니다. 그는 매우 총명해서 아주 빠르게 학문을 익혔습니다. 게다가 공부도 게을리 하지 않아서 몇 년 뒤에는 스승보다도 학문이 높아졌습니다.

어느 날 스승 공번이 이밀을 불러 말했습니다.

"더 이상 네게 가르칠 것이 없단다. 오히려 내가 너를 스승으로 모셔야 할 것 같구나."

이 말을 듣고 사람들은 스승임에도 제자가 자신보다 뛰어나다는 사실을 인정하고 배움을 청한 스승 공번과 스승을 뛰어넘는 학문을 이룬 제자 이밀을 칭찬하며 '청출어람'이라고 했답니다. '청출어람(青出於藍)'이란 쪽에서 얻은 푸른 물감이 쪽보다 너 푸르다는 뜻으로 제자가 스승보다 또는 후배가 선배보다 더 뛰어날 때에 쓰는 말이랍니다.

머리 풀어 주는 퍼즐

창의사고력 기초 다지기   연상추리력   쑥~

보기를 잘 보고 규칙을 생각해 보세요. 마지막에 올 삼각형은 어떤 모양일까요?

보기

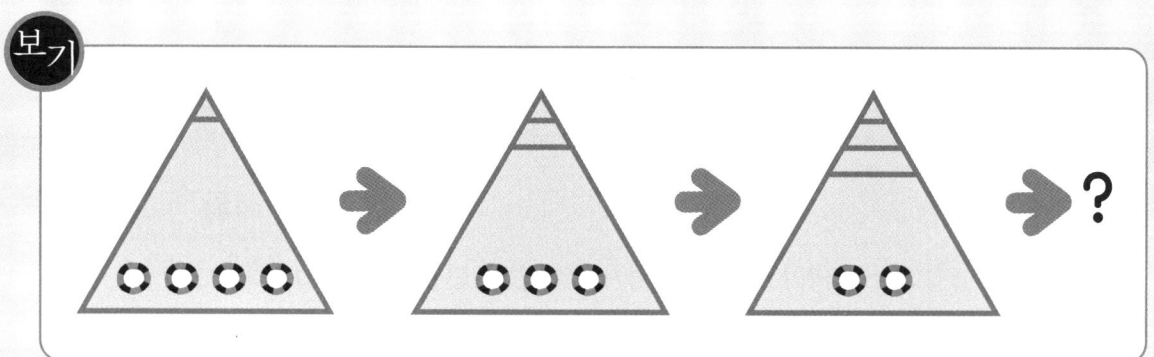

❶
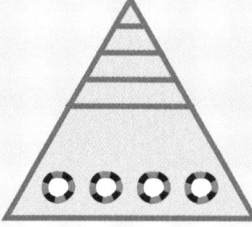

❷
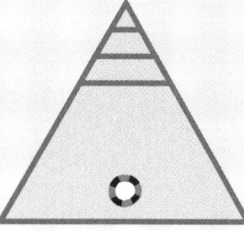

❸
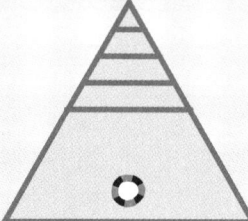

❹
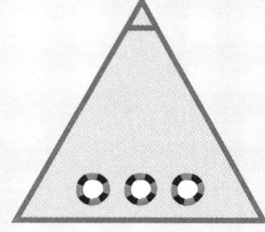

번

낱말이 쏙 생각이 쑥

도전시간 9 분 00 초 걸린시간 분 초

1 가로세로 어휘 찾기

다음 네모에서 알고 있는 어휘를 찾아 동그라미를 해 보세요.

여기서 찾은 어휘로 2~6 번 문제를 풀어요!

격	납	고	분	취	흥	청	망	청	태
암	살	혼	식	사	생	활	서	★	연
군	선	천	부	인	도	적	구	금	자
수	호	★	처	우	체	추	화	★	약
품	도	정	쌀	겨	포	방	경	외	심

내가 찾은 어휘 ___ 개

2 어휘 뜻 알기

다음 설명이나 그림이 뜻하는 어휘가 무엇인지 빈칸을 채워 보세요.

문제 개수 8 개

맞은 개수 ___ 개

틀린 개수 ___ 개

가 군대 유지와 전쟁 수행에 필요한 물품 ⋯⋯⋯⋯ [ ][ ] 품

나 좋아하는 정도 ⋯⋯⋯⋯⋯⋯⋯⋯⋯⋯⋯⋯ [ ][ ] 도

다 조처하여 대우함. 또는 그런 대우 ⋯⋯⋯⋯⋯ [ ][ ]

라 공경하면서도 두려워하는 마음 ⋯⋯⋯⋯⋯⋯ [ ][ ] 심

마 마음에 어떠한 충동을 받아도 움직임이 없이 천연스러움
⋯⋯⋯⋯⋯⋯⋯⋯⋯⋯⋯⋯⋯⋯ 태 [ ][ ][ ]

바 격 [ ][ ]

사 [ ] 정

아 추 [ ]

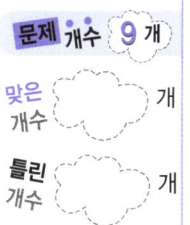

3 비슷한 말 반대말 알기

다음에서 비슷한 뜻끼리 짝지어진 것에는 '='로, 반대의 뜻끼리 짝지어진 것에는 '↔'로 나타내거나, 부호에 알맞게 어휘를 채워 보세요.

문제 개수 **6** 개

맞은 개수 ◯ 개

틀린 개수 ◯ 개

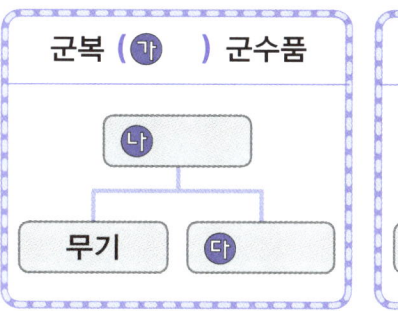

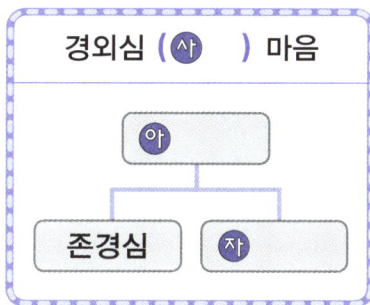

도살(盜殺)	=	(가)
사생활	(나)	프라이버시
구금	(다)	감금

당황	↔	(라)
추방	(마)	축출
쌀겨	(바)	미강

4 큰 말 작은 말 알기

어휘의 포함관계에 따라 '<' 또는 '>'로 나타내고, 그림의 위치에 알맞게 어휘를 넣어 보세요.

문제 개수 **9** 개

맞은 개수 ◯ 개

틀린 개수 ◯ 개

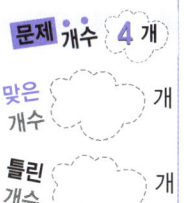

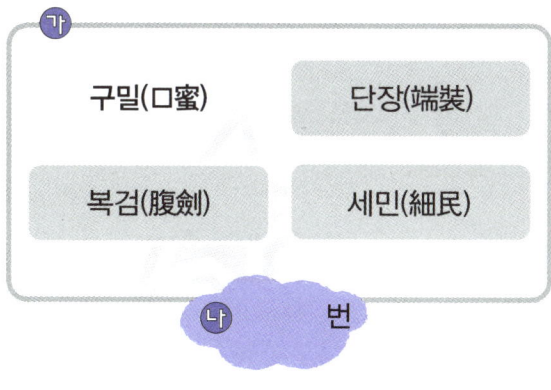

군복 (가) 군수품

(나)

무기 (다)

음식 (라) 분식

(마)

혼식 (바)

경외심 (사) 마음

(아)

존경심 (자)

5 관용어 알기

짝을 이루는 말을 찾아 동그라미를 하고, 그 말의 뜻을 보기 에서 찾아 번호를 쓰세요.

문제 개수 **4** 개

맞은 개수 ◯ 개

틀린 개수 ◯ 개

가

구밀(口蜜) 단장(端裝)

복검(腹劍) 세민(細民)

(나) 번

다

행로(行路) 지인(知人)

우수(優秀) 무사(無射)

(라) 번

보기

① 간 곳이나 방향을 모름

② 말로는 친한 듯하나 속으로는 해칠 생각이 있음

③ 오다가다 길에서 만난 사람이라는 뜻으로, 아무 상관없는 사람을 이르는 말

다음 ㉮~㉲의 ( )에 알맞은 어휘를 보기 에서 찾아 번호를 쓰고, ㉳의 질문에 답해 보세요.

㉮ 주행을 마친 비행기는 다음 비행을 위해 안전 점검을 마친 뒤 ( )에 보관된다.

㉯ 시험이 코앞인데도 어쩜 그렇게 ( )할 수 있니?

㉰ 슈바이처는 아프리카의 가난한 아이들에게도 생명에 대한 ( )을 가졌다.

㉱ 회사는 직원들의 ( ) 개선을 약속하였다.

㉲ 불법 체류자들이 정부에 의해 강제 ( )되었다.

㉳ '구밀복검(口蜜腹劍)'을 넣어 짧은 글을 지어 보세요.

→ _____

보기
① 태연자약   ② 군수품   ③ 처우   ④ 경외심   ⑤ 선호도
⑥ 격납고   ⑦ 도정   ⑧ 체포   ⑨ 추방   ⑩ 서구화

총 문제 개수 33 개 │ 총 맞은 개수 ◯ 개 │ 총 틀린 개수 ◯ 개

공부 의욕 다지는 급

혹시 나도 학원 중독증?

학원 중독증이라는 말을 들어 본 적이 있나요?

학원 수업은 학교 수업에서 모자라는 부분을 보충하는 거랍니다. 그러나 요즘 학부모와 어린이들이 지나치게 학원에 의존하는 바람에 학교 수업보디도 학원 수업을 중요하게 생각하는 나쁜 현상이 나타나고 있는데 이를 '학원 중독증'이라고 한답니다. 학원에 다니지 않아서 불안하다거나 다른 친구들보다 뒤처지고 있다고 생각하는 것도 학원 중독증이랍니다.

그러나 내가 어떤 부분이 부족하고 무엇을 더 배워야 하는지를 잘 알고 있다면 절대로 학원 중독증에 걸리지 않을 거예요. 무조건 많은 학생이 다니는 학원에 다닌다거나 과목별로 학원에 다니지 않을 테니까요. 학원 수업이 내 공부 방법에 맞는지 얼마동안 다녀야 하는지 스스로 판단할 수 있을 테니까요. 스스로 하는 공부가 가장 좋은 공부비법이랍니다.

머리 풀어 주는 퍼즐

공부를 시작할 때도 준비운동이 필요하다고! 하나둘 하나둘

도전 시간	걸린 시간
00 분 20 초	분 초

창의사고력 기초 다지기 판단 능력 쑥~

다음은 거울에 비친 글씨예요. 잘 읽고 어떤 물건인지 알아맞혀 보세요.

.요있 수 울지 들씨글 쓴 로프매

도전시간 10 분 00 초

걸린시간 분 초

1 가로세로 어휘 찾기

다음 네모에서 알고 있는 어휘를 찾아 동그라미를 해 보세요.

여기서 찾은 어휘로 2~6번 문제를 풀어요!

★	장	용	영	목	열	금	납	화	대
여	서	균	규	민	하	중	실	학	동
각	얼	역	장	심	일	상	사	납	여
대	동	법	각	서	기	학	구	속	지
보	부	상	중	농	학	파	시	책	도

내가 찾은 어휘 개

2 어휘 뜻 알기

다음 설명이나 그림이 뜻하는 어휘가 무엇인지 빈칸을 채워 보세요.

문제 개수 8 개

맞은 개수 개

틀린 개수 개

가 조선 정조 때 왕권 강화를 위해 설치한 임금의 호위 조직 … [ ][ ] 영

나 박지원이 사신을 따라 중국을 다녀온 후 쓴 기행문 … [ ] 일 [ ]

다 나라가 잘살기 위해서는 상업을 중히 여겨야 한다고 주장한 경제학파
………… [ ][ ] 학 [ ]

라 국가에 곡물을 바치게 하고, 그 대가로 상이나 벼슬을 주던 정책 [ ][ ] 책

마 여러 종류로 내던 세금을 쌀로 통일하여 내게 한 조선의 납세 제도
………… [ ][ ] 법

바 [ ][ ][ ]

사 여 [ ]

아 [ ][ ] 지 도

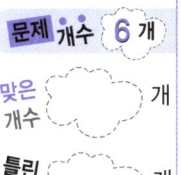

3 비슷한 말 반대말 알기

다음에서 비슷한 뜻끼리 짝지어진 것에는 '＝'로, 반대의 뜻끼리 짝지어진 것에는 '↔'로 나타내거나, 부호에 알맞게 어휘를 채워 보세요.

문제 개수 **6** 개

맞은 개수 [   ] 개

틀린 개수 [   ] 개

부보상	＝	(가)
중농학파	(나)	중농파
저가	(다)	여각

적자(嫡子)	↔	(라)
대동여지도	(마)	동여도
구속	(바)	속박

4 큰 말 작은 말 알기

어휘의 포함관계에 따라 '＜' 또는 '＞'로 나타내고, 그림의 위치에 알맞게 어휘를 넣어 보세요.

문제 개수 **9** 개

맞은 개수 [   ] 개

틀린 개수 [   ] 개

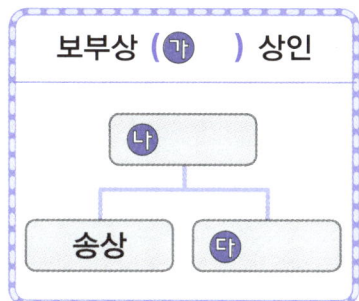

보부상 (가) 상인

나

송상 / (다)

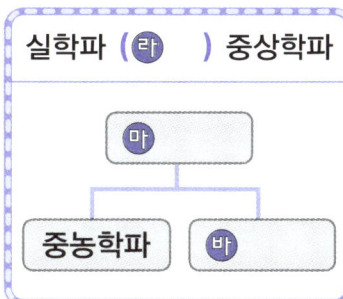

실학파 (라) 중상학파

마

중농학파 / (바)

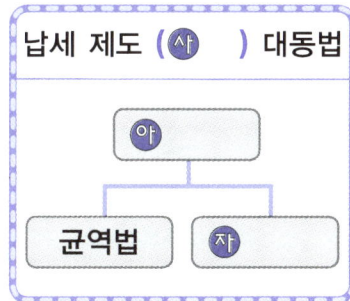

납세 제도 (사) 대동법

아

균역법 / (자)

5 관용어 알기

짝을 이루는 말을 찾아 동그라미를 하고, 그 말의 뜻을 [보기]에서 찾아 번호를 쓰세요.

문제 개수 **4** 개

맞은 개수 [   ] 개

틀린 개수 [   ] 개

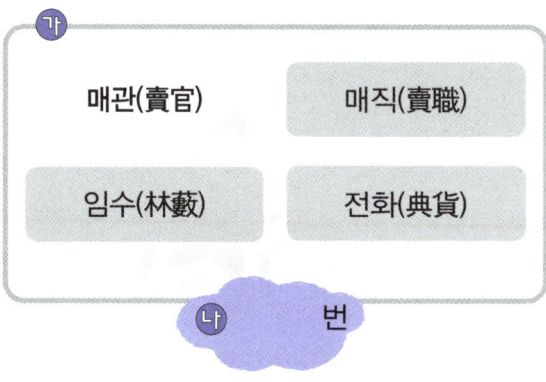

가

매관(賣官)   매직(賣職)

임수(林藪)   전화(典貨)

(나) 번

다

탐관(貪官)   영수(領水)

오리(汚吏)   미화(美化)

(라) 번

[보기]

① 돈이나 재물을 받고 벼슬을 시킴
② 백성의 재물을 탐내어 빼앗는, 행실이 깨끗하지 못한 관리
③ 말로 통하지 아니하고 마음에서 마음으로 전하는 일

6 어휘 활용하기

다음 ㉮ ~ ㉺ 의 ( )에 알맞은 어휘를 보기에서 찾아 번호를 쓰고, ㉻의 질문에 답해 보세요.

문제 개수 6 개

맞은 개수 ⬜ 개

틀린 개수 ⬜ 개

㉮ 우리가 소설로 읽은 〈허생전〉과 〈호질〉은 박지원이 쓴 ( )에 있던 내용이다.

㉯ 농업이 가장 중요시 되던 우리나라에서 ( )는 상업의 중요성을 강조했다.

㉰ 특산물 등으로 백성들이 시달리자 세금을 쌀로 통일하는 ( )을 실시하였다.

㉱ ( )는 사실을 기준으로 진리를 탐구하는 것으로 실학파들의 기반이 되었다.

㉲ 김정호는 우리나라 구석구석을 발로 찾아다니며 ( )를 완성하였다.

㉳ '탐관오리'를 넣어 짧은 글을 지어 보세요.

→ _____

보기
① 열하일기 ② 중상학파 ③ 납속책 ④ 대동법 ⑤ 객주
⑥ 보부상 ⑦ 대동여지도 ⑧ 실학 ⑨ 실사구시 ⑩ 서얼

총 문제 개수 ⑨ 개 ┊ 총 맞은 개수 ◯ 개 ┊ 총 틀린 개수 ◯ 개

상식 쑥쑥 키우는 72

글을 읽고 나서 오늘 공부를 신나게 시작하자고!

엘니뇨와 라니냐

　엘니뇨와 라니냐는 기상 이변을 일컫는 말입니다. 엘니뇨는 스페인어로 '남자아이'라는 뜻입니다. 남아메리카 서해안을 따라 흐르는 차가운 페루 해류에 갑자기 따뜻한 물이 흘러 드는 것을 엘니뇨라고 부른답니다. 엘니뇨로 바닷물 온도가 높아지면 바다 생태계에 큰 영향을 미칠 뿐 아니라 가뭄과 태풍을 일으켜 육지에 큰 피해를 주기도 한답니다.

　스페인어로 '여자아이'를 뜻하는 라니냐도 기상 이변을 일으킵니다. 적도 근처에서 부는 무역풍이 강해지면서 서태평양의 바닷물 온도가 높아지고 동태평양의 바닷물 온도가 낮아집니다. 이 때문에 동남아시아에는 심한 장마가, 남아메리카에는 가뭄이, 북아메리카에는 강추위가 찾아와 큰 피해를 준답니다.

머리 풀어 주는 퍼즐

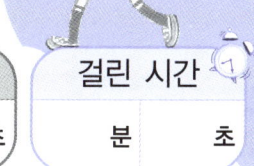

도전 시간	걸린 시간
00 분 30 초	분 초

창의사고력 기초 다지기 정보처리능력 쑥~

다음 게임은 동그라미에서 동그라미로 이동하는 게임이에요. 빈칸 한 칸은 뛰어넘을 수 있지만 두 칸은 뛰어넘을 수 없어요. 또한 대각선으로도 이동할 수 없어요. 모두 몇 개의 동그라미를 거쳐야 도착할 수 있을까요?

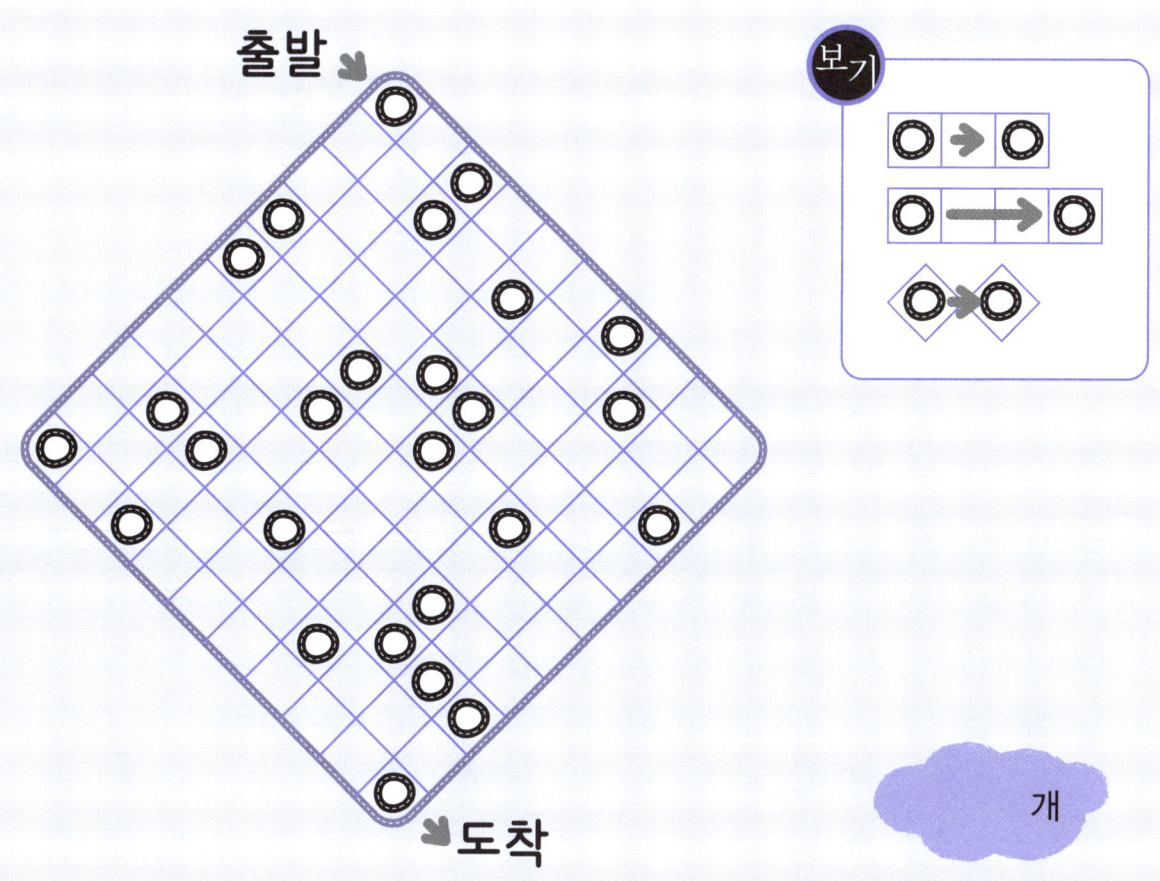

개

날말이 쏙 생각이 쑥

도전시간 8 분 30 초 | 걸린시간 분 초

1 가로세로 어휘 찾기

다음 네모에서 알고 있는 어휘를 찾아 동그라미를 해 보세요.

여기서 찾은 어휘로 2~6번 문제를 풀어요!

해	악	외	돌	토	리	파	멸	활	로
재	설	아	스	라	이	수	엉	누	실
분	주	가	권	주	가	런	망	출	명
배	쥘	부	채	선	점	대	진	통	제
경	탄	좌	조	붓	하	다	창	달	★

내가 찾은 어휘 ⬭ 개

2 어휘 뜻 알기

다음 설명이나 그림이 뜻하는 어휘가 무엇인지 빈칸을 채워 보세요.

문제 개수 8 개

맞은 개수 ⬭ 개

틀린 개수 ⬭ 개

가 매인 데도 없고 의지할 데도 없는 홀몸 ······ ☐ ☐ 토 리

나 보기에 아슬아슬할 만큼 높거나 까마득하게 먼 ······ ☐ ☐ 이

다 조금 좁은 듯하다 ······ ☐ 하 다

라 술을 권하는 노래 ······ ☐ ☐ 가

마 곤란을 헤치고 살아 나갈 수 있는 길 ······ ☐ ☐

바
☐ ☐ ☐

사
가 ☐ ☐

아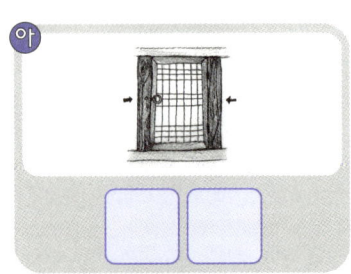
☐ ☐

126

3. 비슷한 말 반대말 알기

다음에서 비슷한 뜻끼리 짝지어진 것에는 '＝'로, 반대의 뜻끼리 짝지어진 것에는 '↔'로 나타내거나, 부호에 알맞게 어휘를 채워 보세요.

문제 개수 6 개

맞은 개수 □ 개

틀린 개수 □ 개

외톨이	＝	(㉮)
설주	(㉯)	문설주
쥘부채	(㉰)	접선

이로움	↔	(㉭)
통달	(㉢)	효달
가부좌	(㉣)	결가부좌

4. 큰말 작은 말 알기

어휘의 포함관계에 따라 '＜' 또는 '＞'로 나타내고, 그림의 위치에 알맞게 어휘를 넣어 보세요.

문제 개수 9 개

맞은 개수 □ 개

틀린 개수 □ 개

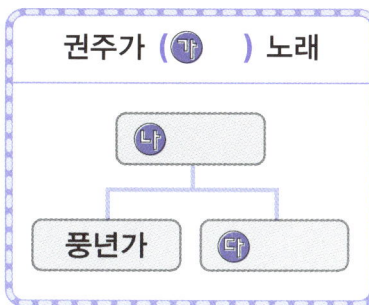
권주가 (㉮) 노래
(㉯)
풍년가 (㉰)

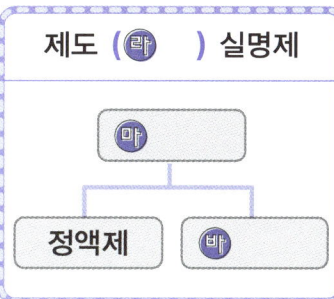
제도 (㉭) 실명제
(㉢)
정액제 (㉣)

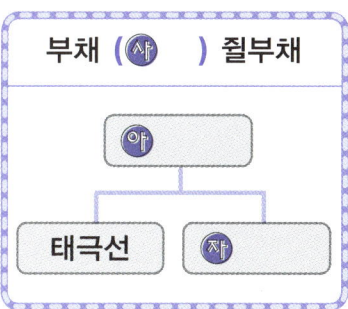
부채 (㉥) 쥘부채
(㉦)
태극선 (㉧)

5. 관용어 알기

짝을 이루는 말을 찾아 동그라미를 하고, 그 말의 뜻을 보기 에서 찾아 번호를 쓰세요.

문제 개수 4 개

맞은 개수 □ 개

틀린 개수 □ 개

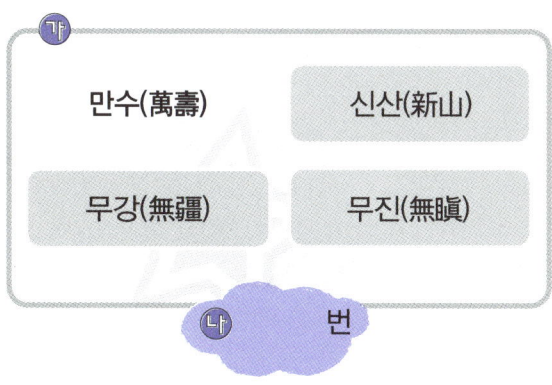
㉮
| 만수(萬壽) | 신산(新山) |
| 무강(無疆) | 무진(無瞋) |
㉯ 번

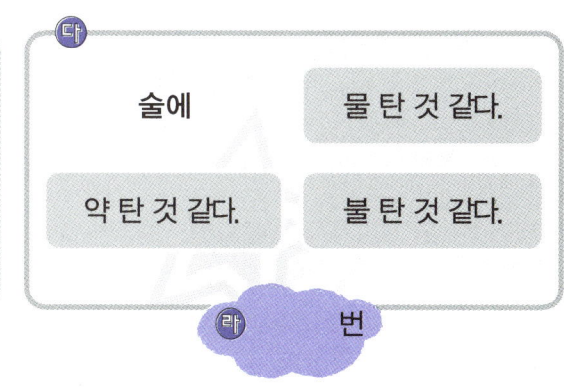
㉰
| 술에 | 물 탄 것 같다. |
| 약 탄 것 같다. | 불 탄 것 같다. |
㉱ 번

보기
① 아무런 탈 없이 아주 오래 삶
② 사람의 성격이나 품성이 뜨뜻미지근하여 똑똑치 않음을 비유적으로 이르는 말
③ 관계없는 일에 주제넘게 간섭을 한다는 말

6 어휘 활용하기

다음 **가**~**마**의 ( )에 알맞은 어휘를 **보기** 에서 찾아 번호를 쓰고, **바**의 질문에 답해 보세요.

가 산 넘어 ( ) 오솔길로 봄이 찾아온다네.

나 집을 나온 지 삼 년 만에 그는 아무도 반겨 주는 이 없는 ( )가 되었다.

다 뭔가가 못마땅한 듯이 최진사는 손에 든 ( )를 신경질적으로 폈다.

라 나라 경기가 어려우니 신상품에 대해서는 해외에서 그 ( )를 찾아야겠습니다.

마 애초에 계획했던 일들이 모두 틀어져 ( )이 되었다.

바 '술에 물 탄 것 같다.'를 넣어 짧은 글을 지어 보세요.

→ _____

보기
① 외돌토리　② 아스라이　③ 활로　④ 조붓한　⑤ 권주가
⑥ 쥘부채　⑦ 가부좌　⑧ 통달　⑨ 엉망진창　⑩ 파멸

총 문제 개수 **33** 개 ┊ 총 맞은 개수 ◯ 개 ┊ 총 틀린 개수 ◯ 개

글을 읽고 나서 오늘 공부를 신나게 시작하자고!

마음에 힘이 되는 글

집념이 필요해요

　집념이란 한 가지 일에 매달려 끝까지 노력하는 것을 말해요. 중간에 아무리 어려운 일에 부딪쳐도 마음먹은 일을 꼭 해내기 위해서는 집념이 필요해요.

　여러분은 집념이 있나요? 혹시 조금만 힘들고 어려워도 금세 포기하지는 않나요? '해리포터'는 조앤 롤링의 포기할 줄 모르는 집념 때문에 세상에 나올 수 있었답니다. 그녀는 성부보조금으로 딸과 생활하는 어려운 시기를 겪기도 했어요. 하지만 그녀는 궁핍한 생활에 좌절하지 않았어요. 방 안에 틀어박혀 신세타령을 하기보다, 유모차에 딸을 태우고 카페에 앉아 '해리포터'를 썼답니다. 12군데 출판사로부터 '해리포터'의 출판을 거절당했지만 결코 실망하지 않았어요. 결국 한 출판사와 계약에 성공했고 전 세계 어린이들이 즐겨 읽는 해리포터 시리즈의 작가가 되었답니다.

　포기하지 않는 사람은 오늘 하루도 열심히 생활한답니다. 열심히 생활한 하루하루가 모여 밝은 미래를 가져오는 것이랍니다.

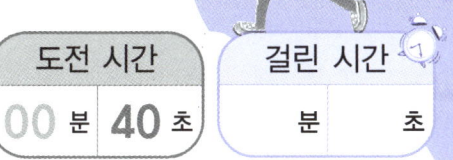

도전 시간	걸린 시간
00 분 40 초	분 초

창의사고력 기초 다지기 계산능력 쑥~

작은 차에는 4명이, 큰 차에는 8명이 탈 수 있습니다. 아래 그림에 있는 작은 차와 큰 차에 모두 몇 사람이 탈 수 있을까요?

작은 차

큰 차

명

도전시간 9 분 20 초
걸린시간 분 초

1 가로세로 어휘 찾기

다음 네모에서 알고 있는 어휘를 찾아 동그라미를 해 보세요.

여기서 찾은 어휘로 2~6번 문제를 풀어요!

산	환	곡	농	치	외	법	권	통	상
대	전	풍	민	인	내	천	이	양	선
놀	세	속	봉	정	무	몰	락	전	화
이	민	화	기	감	속	옥	당	백	전
사	설	시	조	록	송	사	유	랑	민

내가 찾은 어휘 ⬜ 개

2 어휘 뜻 알기

다음 설명이나 그림이 뜻하는 어휘가 무엇인지 빈칸을 채워 보세요.

문제 개수 8 개
맞은 개수 ⬜ 개
틀린 개수 ⬜ 개

㉮ 모양이 다른 배라는 뜻으로, 다른 나라의 배를 이르는 말 … ⬜ ⬜ 선

㉯ 다른 나라의 영토 안에 있으면서도 그 나라의 법을 적용받지 않는 권리 …………………… ⬜ ⬜ 법 ⬜

㉰ 사람이 곧 하늘이라는 천도교의 기본 사상 ………… ⬜ ⬜ 내

㉱ 초장·중장이 제한 없이 길며, 종장도 길어진 시조 … ⬜ ⬜ 시 조

㉲ 경복궁 중건으로 인한 재정 궁핍을 해결하려고 내원군이 만든 화폐 ………………………… ⬜ ⬜ 전

㉳
⬜ ⬜ 놀 이

㉴
⬜ ⬜

㉵
농 민 ⬜

130

3 비슷한 말 반대말 알기

다음에서 비슷한 뜻끼리 짝지어진 것에는 '='로, 반대의 뜻끼리 짝지어진 것에는 '↔'로 나타내거나, 부호에 알맞게 어휘를 채워 보세요.

문제 개수 6 개

맞은 개수 □ 개

틀린 개수 □ 개

소송	=	(가)
통상	(나)	무역
양전	(다)	옥답

거주민	↔	(라)
세속	(마)	속세
풍속화	(바)	풍속도

4 큰 말 작은 말 알기

어휘의 포함관계에 따라 '<' 또는 '>'로 나타내고, 그림의 위치에 알맞게 어휘를 넣어 보세요.

문제 개수 9 개

맞은 개수 □ 개

틀린 개수 □ 개

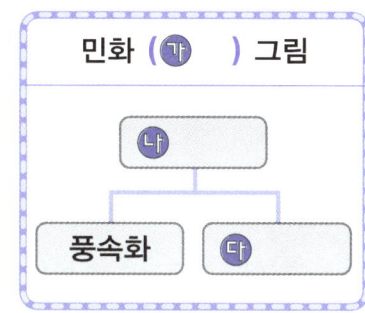

민화 (가) 그림
나
풍속화　다

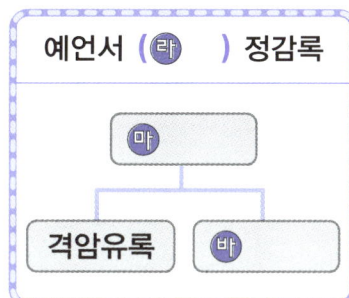

예언서 (라) 정감록
마
격암유록　바

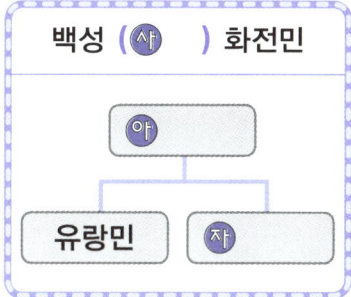

백성 (사) 화전민
아
유랑민　자

5 관용어 알기

짝을 이루는 말을 찾아 동그라미를 하고, 그 말의 뜻을 보기 에서 찾아 번호를 쓰세요.

문제 개수 4 개

맞은 개수 □ 개

틀린 개수 □ 개

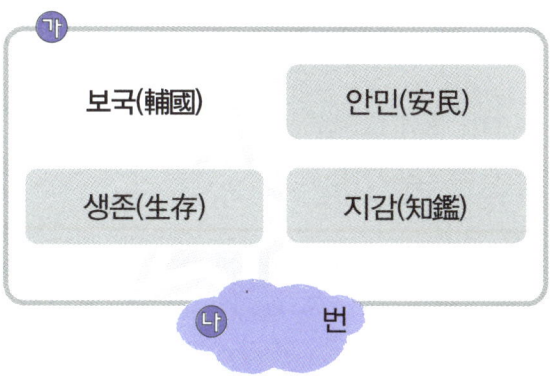

가

보국(輔國)　안민(安民)

생존(生存)　지감(知鑑)

나　번

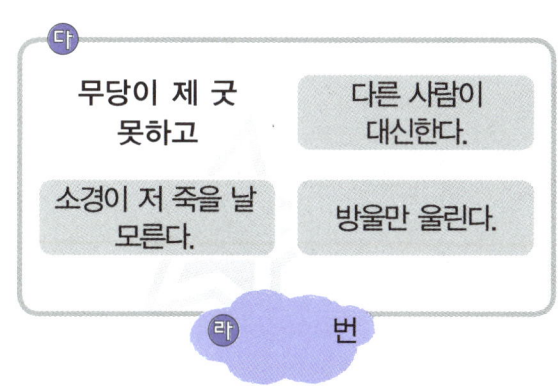

다

무당이 제 굿 못하고　다른 사람이 대신한다.

소경이 저 죽을 날 모른다.　방울만 울린다.

라　번

보기

① 나랏일을 돕고 백성을 편안하게 함

② 맥없이 있다가도 어떤 일을 맡기면 기쁘게 받아들여 날뛰는 사람

③ 남의 일은 잘 처리하여도 자기 일은 자기가 처리하기 어렵다는 말

다음 ㉮~㉰의 ( )에 알맞은 어휘를 보기 에서 찾아 번호를 쓰고, ㉱의 질문에 답해 보세요.

㉮ 조선 후기가 되자 서양의 (   )들이 나타나 (   )을 요구하였다.

㉯ 정치가 부패하여 살기가 어려워지자 곳곳에서 (   )가 일어났다.

㉰ 양반이기는 하였으나 그의 집안은 (   )하여 그는 힘이 없었다.

㉱ 산으로 들어간 농민들은 불탄 곳에 밭을 만들어 (   )이 되었다.

㉲ 경복궁 중건이 재정난에 봉착하자 대원군은 (   )이란 화폐를 유통시켰다.

㉳ '보국안민(輔國安民)'을 넣어 짧은 글을 지어 보세요.

→ _____

보기
① 산대놀이   ② 화전민   ③ 당백전   ④ 민화   ⑤ 풍속화
⑥ 인내천   ⑦ 몰락   ⑧ 농민 봉기   ⑨ 통상   ⑩ 이양선

총 문제 개수 **33** 개 | 총 맞은 개수 ◯ 개 | 총 틀린 개수 ◯ 개

상식 쑥쑥 키우는

글을 읽고 나서 오늘 공부를 신나게 시작하자고!

안개에도 여러 종류가 있어요

대기 중의 수증기가 모여 발생하는 기상 현상으로는 비·눈·이슬·우박 등을 들 수 있는데, 안개도 그중 하나입니다.

안개에도 종류가 있는데 앞에 놓인 물건을 정확하게 식별할 수 있는 거리인 수평 시정 거리를 기준으로 나눈답니다. 수평 시정 거리가 1㎞ 미만인 경우에는 안개, 1㎞ 이상인 경우에는 박무라고 한답니다. 안개가 위치하는 높이에 따라 안개를 나누기도 합니다. 하늘이 보일 정도로 엷고 낮으면 낮은 안개, 지표면에 닿을 만큼 낮게 깔려 있으면 땅안개라고 한답니다.

조금 특이한 안개도 있습니다. 대기 중의 미세한 물방울이 얼어서 얼음 결정으로 떠 있는 경우가 있는데, 이를 얼음안개라고 한답니다.

이제부터 안개가 끼면 자세히 살펴보고 이름을 붙여 주세요. 안개에도 종류가 많으니까 말이에요.

공부습관 초등어휘

5·6학년 기본 III

정답

●●●● 답안과 다른 해결 방법을 가진 퍼즐 문제도 있습니다. 자유롭고 창의적으로 문제를 해결해 보세요.

●●●● 〈❶가로세로 낱말 찾기〉의 답안은 ❷~❻번 문제의 바탕이 되는 낱말들에 표시해 둔 것입니다. 이 낱말들 이외에도 얼마든지 더 찾을 수 있습니다. 아이들이 자유롭게 낱말을 찾고 자신이 찾은 낱말의 개수를 표시하도록 두세요. 답안에 표시된 단어보다 더 많이 찾았을 경우 칭찬해 주시고, 잘 쓰이지 않는 낱말을 찾았을 경우엔 어떤 뜻인지 한번 물어보고 설명해 주세요. 찾은 개수가 많이 적을 경우 시간을 더 주고 다시 한 번 살펴보도록 해 주세요. 채점은 ❷~❻번 문제만 하면 됩니다.

1 회 13쪽~16쪽

2 회 17쪽~20쪽

3 회 21쪽~24쪽

1회

퍼즐

정답

❶ 가로세로 어휘 찾기

산	림	관	거	적	때	기	투	레	질
불	어	슴	푸	레	문	부	임	겨	를
령	순	사	봉	정	푼	삼	태	기	보
선	서	승	변	수	이	등	우	리	채
인	상	엿	소	리	농	부	롭	뜨	다

❷ 어휘 뜻 알기
㉮ 겨울 ㉯ 불, 선인
㉰ 투레질 ㉱ 거적
㉲ 서슬 ㉳ 둥우
㉴ 사 ㉵ 정수

❸ 비슷한 말 반대말 알기
㉮ ↔ ㉯ = ㉰ 조르다
㉱ = ㉲ ↔

❹ 큰 말 작은 말 알기
㉮ < ㉯ 행동 ㉰ 투레질
㉱ > ㉲ 순서 ㉳ 어순

❺ 관용어 알기
㉮ 솔개미 들어앉는다.
㉯ ①

❻ 어휘 활용하기
㉯ ③ ㉰ ⑨ ㉱ ⑧ ㉲ ④
㉳ 길을 가는데 누가 돌을 던져서 봉변을 당했다.

2회

퍼즐

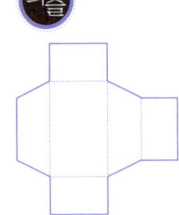

③

정답

❶ 가로세로 어휘 찾기

잠	수	정	폭	설	수	치	예	보	경
수	★	태	풍	랑	★	한	파	고	보
부	범	람	침	식	★	호	랑	기	★
널	피	저	수	지	특	우	수	압	선
일	기	도	주	의	보	적	조	현	상

❷ 어휘 뜻 알기
㉮ 수치 ㉯ 주의보
㉰ 파랑 ㉱ 고기압
㉲ 적조 ㉳ 잠수부
㉴ 설피 ㉵ 등압

❸ 비슷한 말 반대말 알기
㉮ 침수 ㉯ = ㉰ ↔
㉱ 저기압 ㉲ = ㉳ ↔

❹ 큰 말 작은 말 알기
㉮ < ㉯ 기압 ㉰ 저기압
㉱ > ㉲ 풍랑 ㉳ 물결
㉴ < ㉵ 날씨 ㉶ 호우

❺ 관용어 알기
㉮ 장독 깬다. ㉯ ①
㉰ 비가 온다. ㉱ ②

❻ 어휘 활용하기
㉮ ⑧ ㉯ ④ ㉰ ⑦ ㉱ ⑤
㉲ ⑨ ㉳ 오늘 아침에 황사 주의보가 내려 마스크를 쓰고 집을 나섰다.

3회

퍼즐

1. 축구
2. 야구
3. 배드민턴
4. 농구

ㄱ. ㄴ. ㄷ. ㄹ.

정답

❶ 가로세로 어휘 찾기

민	주	주	의	언	론	행	방	선	거
상	수	원	무	현	국	정	치	참	추
홍	보	물	★	대	회	부	비	여	진
타	개	표	결	사	의	★	석	★	되
협	시	민	단	체	원	밀	집	되	다

❷ 어휘 뜻 알기
㉮ 현대 ㉯ 홍보물
㉰ 주, 의 ㉱ 국회
㉲ 시민 ㉳ 언론
㉴ 표결 ㉵ 비석

❸ 비슷한 말 반대말 알기
㉮ 언론 ㉯ = ㉰ =
㉱ 민주주의 ㉲ ↔ ㉳ =

❹ 큰 말 작은 말 알기
㉮ > ㉯ 현대사
㉰ 4·19혁명 ㉱ >
㉲ 언론 ㉳ 신문 ㉴ <
㉵ 시민 단체 ㉶ 녹색연합

❺ 관용어 알기
㉮ 십년 ㉯ ②
㉰ 내 입 막기보다 어렵다.
㉱ ③

❻ 어휘 활용하기
㉮ ③ ㉯ ⑦ ㉰ ② ㉱ ⑤
㉲ ⑥ ㉳ 권력을 마음대로 휘두르던 관리가 오래가지 못하고 물러났을 때

4 회 25쪽~28쪽

퍼즐

양쪽에 사과를 각각 2개, 3개씩 올려서,
① 평형을 이룬다면 2개 중 하나가 가짜
이고(2번 사용)
② 3개를 올린 쪽이 무겁다면 3개 중
하나가 가짜이다. 마찬가지 방법으로 각
각 1개, 2개씩 올려서 ③ 평형을 이루면
그 1개가 가짜이고(2번 사용)
④ 2개 올린 쪽이 기울면 두 개 중 하나
가 가짜이다.(3번 사용)

최소 **2** 번   최대 **3** 번

5 회 29쪽~32쪽

퍼즐

2를 4로 바꾼다.

$4 \times 3 - 4 + 3 = 11$

6 회 33쪽~36쪽

퍼즐

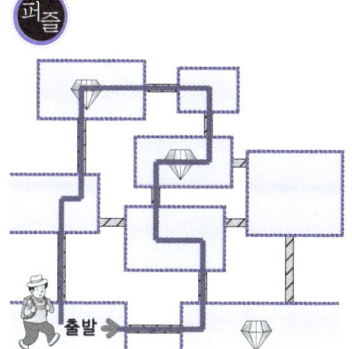

7 개

정답 (4회)

① 가로세로 어휘 찾기

중	서	회	강	감	찬	문	벌	동	음
추	도	향	교	윤	관	귀	금	북	서
원	병	낙	강	동	6	주	나	9	제
★	마	성	별	무	반	대	라	성	도
어	사	대	삼	사	★	첩	국	자	감

② 어휘 뜻 알기
가 음서 나 문벌
다 병마 라 별무
마 국자 바 강동, 주
사 향 아 낙성

③ 비슷한 말 반대말 알기
가 문벌 나 = 다 ↔
라 벌금 마 = 바 ↔

④ 큰 말 작은 말 알기
가 < 나 관리 등용
다 음서제 라 >
마 특수 부대 바 별무반
사 > 아 교육 기관
자 국자감

⑤ 관용어 알기
가 용마났다. 나 ②
다 일학 라 ①

⑥ 어휘 활용하기
마 ⑩ 나 ⑤ 다 ① 라 ⑧
마 ④ 바 농구부 가운데 키
가 가장 큰 철호는 단연 군
계일학이었다.

정답 (5회)

① 가로세로 어휘 찾기

봉	두	메	산	골	떡	알	은	척	귀
당	교	묘	하	다	판	마	보	탬	담
사	골	뜨	기	만	비	지	땀	내	아
수	호	신	꾸	러	미	못	훈	계	들
모	훼	방	구	리	고	해	바	치	다

② 어휘 뜻 알기
가 두메, 골 나 수호신
다 훈계 라 교묘
마 고해 바 떡판
사 당 아 꾸러미

③ 비슷한 말 반대말 알기
가 두메산골 나 ↔ 다 =
라 훼방 마 = 바 =

④ 큰 말 작은 말 알기
가 < 나 수호신 다 용왕
라 > 마 행동
바 고해바치다 사 >
아 척하다 자 알은 척

⑤ 관용어 알기
가 안방까지 달란다. 나 ②
다 엎드러지듯 라 ③

⑥ 어휘 활용하기
가 ⑦ 나 ② 다 ① 라 ③
마 ④ 바 여자들끼리 재미
있게 공기놀이를 하고 있는
데 남자들이 와서 훼방을 놓
고 도망갔다.

정답 (6회)

① 가로세로 어휘 찾기

상	공	집	중	호	우	본	격	적	비
기	원	전	★	고	역	할	노	루	바
예	보	관	저	위	도	사	소	사	람
관	양	분	오	도	★	습	비	인	유
측	격	퇴	지	질	생	산	자	펜	인

② 어휘 뜻 알기
가 호우 나 지질
다 위도 라 관측
마 예보 바 비바람
사 사슴 아 사인

③ 비슷한 말 반대말 알기
가 소비자 나 = 다 =
라 저위도 마 ↔ 바 =

④ 큰 말 작은 말 알기
가 < 나 위도 다 저위도
라 > 마 시대 바 기원후
사 > 아 초식 동물
자 노루

⑤ 관용어 알기
가 두 쪽 나도 나 ①
다 꼬리만 하다. 라 ②

⑥ 어휘 활용하기
가 ① 나 ⑦ 다 ④ 라 ③
마 ⑩ 바 예 하늘이 두 쪽
나도 수학여행에 꼭 가야겠다.

 퍼즐

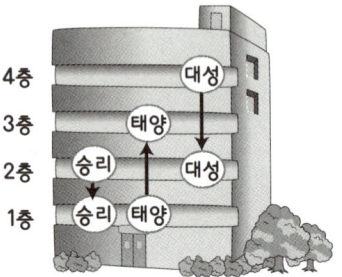

4층	대성
3층	태양
2층	승리 / 대성
1층	승리 태양

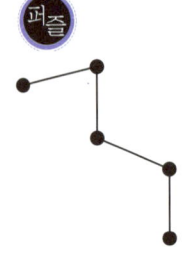

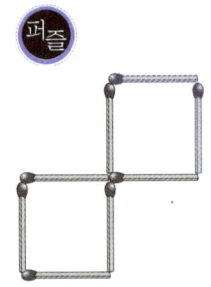

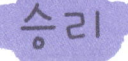 1 명 승리

1 번

정답

① 가로세로 어휘 찾기

(퍼즐 격자)

평	등	선	거	법	제	처	안	비	서
가	결	청	와	대	국	하	보	상	조
예	산	렴	동	집	무	다	좌	국	달
세	금	심	의	경	회	고	관	세	청
국	정	감	사	호	의	충	★	청	★

② 어휘 뜻 알기
㉮ 평등 ㉯ 법제
㉰ 조달 ㉱ 국정
㉲ 국무 ㉳ 와대
㉴ 비서 ㉵ 경호

③ 비슷한 말 반대말 알기
㉮ 세금 ㉯ = ㉰ =
㉱ 가결 ㉲ ↔ ㉳ ↔

④ 큰 말 작은 말 알기
㉮ > ㉯ 관청 ㉰ 조달청
㉱ > ㉲ 국무 위원
㉳ 장관 ㉴ < ㉵ 세금
㉶ 간접세

⑤ 관용어 알기
㉮ 결백 ㉯ ① ㉰ 닭 ㉱ ②

⑥ 어휘 활용하기
㉮ ⑥ ㉯ ④, ⑨ ㉰ ⑩
㉱ ⑦ ㉲ ① ㉳ 예 일을
하며 단 한 번도 뇌물을 받
거나 개인적 부탁을 들어준
적 없는 공무원을 볼 때

정답

① 가로세로 어휘 찾기

묘	서	경	천	도	운	동	의	★	팔
청	정	제	위	보	상	평	창	삼	만
중	방	공	음	전	벽	란	도	국	대
교	정	도	감	시	삼	국	유	사	장
무	신	정	변	과	삼	별	초	기	경

② 어휘 뜻 알기
㉮ 천도운동 ㉯ 제위
㉰ 상평 ㉱ 공음
㉲ 유사 ㉳ 팔만, 경
㉴ 정변 ㉵ 국사

③ 비슷한 말 반대말 알기
㉮ 서경 천도 운동 ㉯ ↔
㉰ = ㉱ 정신 ㉲ =
㉳ =

④ 큰 말 작은 말 알기
㉮ > ㉯ 토지 제도
㉰ 전시과 ㉱ >
㉲ 구휼 기관 ㉳ 의창
㉴ < ㉵ 역사서 ㉶ 삼국
유사

⑤ 관용어 알기
㉮ 나라님도 못 한다.
㉯ ② ㉰ 떨어지다. ㉱ ①

⑥ 어휘 활용하기
㉮ ⑩, ⑨ ㉯ ⑤ ㉰ ⑥
㉱ ② ㉲ ⑧ ㉳ 예 학생들
을 차별한다는 것이 널리 알
려지자 선생님의 권위는 땅
에 떨어졌다.

정답

① 가로세로 어휘 찾기

구	부	무	괭	가	상	기	하	학	★
조	작	닉	이	동	생	무	요	약	꼴
물	용	쟁	밥	영	명	의	망	루	사
일	석	이	조	상	과	촌	성	곽	납
습	성	유	전	공	학	주	눅	들	다

② 어휘 뜻 알기
㉮ 기하 ㉯ 구조물
㉰ 생명 ㉱ 일석, 조
㉲ 주눅 ㉳ 망루
㉴ 괭이 ㉵ 성곽

③ 비슷한 말 반대말 알기
㉮ 무식쟁이 ㉯ ↔ ㉰ =
㉱ 상생 ㉲ = ㉳ =

④ 큰 말 작은 말 알기
㉮ < ㉯ 구조물 ㉰ 건물
㉱ > ㉲ 생명 과학
㉳ 의학 ㉴ < ㉵ 성곽
㉶ 위성

⑤ 관용어 알기
㉮ 바치다. ㉯ ③
㉰ 가재 잡는다. ㉱ ①

⑥ 어휘 활용하기
㉮ ⑧ ㉯ ⑦ ㉰ ④ ㉱ ⑤
㉲ ⑨ ㉳ 예 목숨을 바쳐
나라를 지키는 군인 아저씨
들께 감사하는 마음을 갖자.

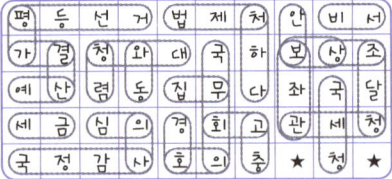

10회 49쪽~52쪽

11회 53쪽~56쪽

12회 57쪽~60쪽

10회

 퍼즐

4 cm

정답

① 가로세로 어휘 찾기

분	생	태	계	상	호	작	용	매	연
해	물	먹	이	사	슬	열	대	우	림
자	먹	이	피	라	미	드	농	약	기
평	조	연	온	실	효	과	도	폐	형
형	절	쇄	미	나	마	타	병	수	아

② 어휘 뜻 알기
⑦ 생태계 ⑭ 상호
⑮ 온실 ⑯ 열대우림
⑰ 미나마타 ⑱ 피라미드
⑲ 매연 ⑳ 기형

③ 비슷한 말 반대말 알기
⑦ 매연 ⑭ = ⑮ ↔
⑯ 생물 ⑰ = ⑱ =

④ 큰 말 작은 말 알기
⑦ > ⑭ 분해자 ⑮ 곰팡이
⑯ < ⑰ 농약 ⑱ 발아제
⑲ > ⑳ 공해병
㉑ 미나마타병

⑤ 관용어 알기
⑦ 세 치를 못 본다. ⑭ ①
⑮ 곰팡이 슬다. ⑯ ②

⑥ 어휘 활용하기
⑦ ⑦ ⑭ ①, ② ⑮ ④
⑯ ⑧ ⑰ ⑥ ⑱ 예 한쪽 저울대에 딸기 한 개를 더 올려놓았더니 평형이 깨졌다.

11회

 퍼즐

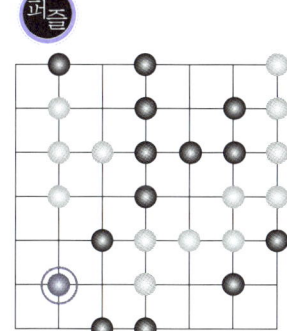

정답

① 가로세로 어휘 찾기

조	약	검	사	★	변	호	사	증	인
간	기	본	권	헌	장	판	교	병	★
밀	피	대	법	원	사	육	무	기	
히	원	고	★	무	배	검	찰	청	상
외	교	통	상	부	당	★	통	계	청

② 어휘 뜻 알기
⑦ 조약 ⑭ 원고
⑮ 대법 ⑯ 외교통상
⑰ 병무 ⑱ 변호
⑲ 판 ⑳ 헌

③ 비슷한 말 반대말 알기
⑦ 피고 ⑭ = ⑮ ↔
⑯ 사교육 ⑰ = ⑱ =

④ 큰 말 작은 말 알기
⑦ < ⑭ 법원
⑮ 대법원 ⑯ > ⑰ 교육
⑱ 사교육 ⑲ <
⑳ 법조인 ㉑ 검사

⑤ 관용어 알기
⑦ 법 모른다. ⑭ ②
⑮ 재판은 잘 하더라.
⑯ ③

⑥ 어휘 활용하기
⑦ ⑥ ⑭ ③ ⑮ ⑦ ⑯ ①
⑰ ④ ⑱ 예 일부 연예인들은 팬들에게 들키지 않으려고 변장을 하고 외출한다.

12회

 퍼즐

6

정답

① 가로세로 어휘 찾기

정	원	나	라	홍	건	적	화	과	위
동	몽	고	려	양	목	만	통	전	화
행	골	문	익	점	화	권	도	법	도
성	풍	권	문	세	족	당	감	투	회
고	려	청	자	신	진	사	대	부	군

② 어휘 뜻 알기
⑦ 몽골 ⑭ 정, 행성
⑮ 화통, 감 ⑯ 문세족
⑰ 사대 ⑱ 청자
⑲ 목화 ⑳ 감투

③ 비슷한 말 반대말 알기
⑦ 몽골 ⑭ = ⑮ ↔
⑯ 목화 ⑰ = ⑱ =

④ 큰 말 작은 말 알기
⑦ > ⑭ 관료 ⑮ 권문세족
⑯ > ⑰ 풍속 ⑱ 고려양
⑲ > ⑳ 관청 ㉑ 화통도감

⑤ 관용어 알기
⑦ 쓰다. ⑭ ③
⑮ 불로 들어간다. ⑯ ①

⑥ 어휘 활용하기
⑦ ⑥ ⑭ ① ⑮ ④ ⑯ ⑧
⑰ ③ ⑱ 예 자전거를 타고 차가 쌩쌩 달리는 곳에서 무단횡단 하는 아이를 볼 때

13회

 퍼즐

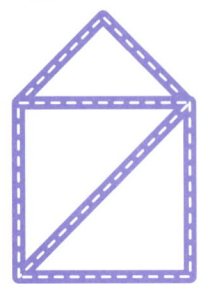

한 삼각형의 크기가 나머지 2개보다 작습니다.

③ 번

정답

① 가로세로 어휘 찾기

유	전	문	의	심	지	어	름	천	무
추	원	나	년	겨	드	랑	이	문	궁
정	격	현	존	광	줄	행	랑	학	무
밀	반	도	체	년	은	운	석	재	진
봉	생	산	공	정	하	정	교	하	다

② 어휘 뜻 알기
㉮ 전문 ㉯ 무, 무진
㉰ 공정 ㉱ 반도체
㉲ 어름 ㉳ 드랑이
㉴ 선 ㉵ 석

③ 비슷한 말 반대말 알기
㉮ 현존 ㉯ ↔ ㉰ =
㉱ 무궁무진 ㉲ = ㉳ =

④ 큰 말 작은 말 알기
㉮ < ㉯ 생산 공정
㉰ 생산 ㉱ > ㉲ 의사
㉳ 수련의 ㉴ > ㉵ 정격
㉶ 전입

⑤ 관용어 알기
㉮ 놓다. ㉯ ① ㉰ 지각
㉱ ②

⑥ 어휘 활용하기
㉮ ⑨ ㉯ ④ ㉰ ② ㉱ ③
㉲ ⑥ ㉳ 예 어릴 때부터 가장 친한 친구가 외국으로 이민을 가서 멀리 떨어지게 되었을 때

14회

 퍼즐

+6 +6 +6 +6 +6 +6 +6
3 → 9 → 15 → ㉑ → 27 → 33 → 39 → 45

21

정답

① 가로세로 어휘 찾기

토	정	북	반	구	병	충	해	자	생
양	화	고	도	해	돋	이	적	전	체
평	균	기	온	넘	★	위	도	축	시
반	오	존	층	이	남	중	고	도	계
림	협	약	멸	종	교	토	의	정	서

② 어휘 뜻 알기
㉮ 오존층 ㉯ 병충해
㉰ 생체 ㉱ 남중고
㉲ 의정서 ㉳ 반구
㉴ 자전 ㉵ 도

③ 비슷한 말 반대말 알기
㉮ 고도 ㉯ = ㉰ ↔
㉱ 남반구 ㉲ ↔ ㉳ =

④ 큰 말 작은 말 알기
㉮ < ㉯ 협약
㉰ 교토 의정서 ㉱ >
㉲ 병충해 ㉳ 진딧물
㉴ > ㉵ 좌표 ㉶ 경도

⑤ 관용어 알기
㉮ 먹다. ㉯ ②
㉰ 잡히다. ㉱ ①

⑥ 어휘 활용하기
㉮ ① ㉯ ⑥ ㉰ ⑤ ㉱ ②
㉲ ④ ㉳ 예 3년 동안 밤낮으로 열심히 가게를 운영한 덕분에 어느 정도 자리가 잡혔다.

15회

퍼즐

콜라 3잔(400×8=1200)
밀키스 1잔(600)
1200+600=1800원

콜라 3개

밀키스 1개

정답

① 가로세로 어휘 찾기

가	정	법	원	한	지	노	납	세	삼
소	판	노	침	동	체	숙	근	참	심
앤	결	예	해	안	장	인	로	정	제
절	문	존	엄	성	애	초	상	권	도
도	재	판	청	구	인	오	순	도	순

② 어휘 뜻 알기
㉮ 납세 ㉯ 초상
㉰ 판결문 ㉱ 삼심
㉲ 가정 ㉳ 지체
㉴ 절도 ㉵ 예

③ 비슷한 말 반대말 알기
㉮ 납세 ㉯ = ㉰ ↔
㉱ 근로 ㉲ ↔ ㉳ =

④ 큰 말 작은 말 알기
㉮ > ㉯ 권리 ㉰ 참정권
㉱ < ㉲ 장애인
㉳ 지체 장애 ㉴ <
㉵ 의무 ㉶ 납세

⑤ 관용어 알기
㉮ 열쇠 준다. ㉯ ①
㉰ 더럽히다. ㉱ ②

⑥ 어휘 활용하기
㉮ ⑦ ㉯ ⑤ ㉰ ④ ㉱ ③
㉲ ⑥ ㉳ 예 우리나라에서 돈을 버는 국민에게는 모두 납세의 의무가 있다.

16회 73쪽~76쪽

퍼즐

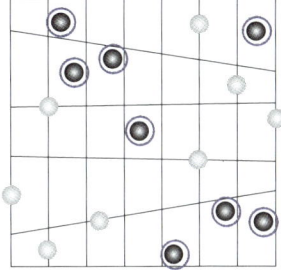

8 개

17회 77쪽~80쪽

퍼즐

토끼　　호랑이　　원숭이　　코끼리

또는

포도　　바나나　　딸기　　사과

18회 81쪽~84쪽

퍼즐

작은 삼각형 : 9개,
중간 크기의 삼각형 : 3개,
큰 삼각형 : 1개

모두 13 개

정답

① 가로세로 어휘 찾기

관	호	패	집	현	전	역	의	정	결
료	★	직	전	법	성	천	정	강	국
제	사	국	경	선	균	민	부	경	대
향	병	★	춘	추	관	회	유	책	전
리	덕	치	주	의	신	문	고	수	령

② 어휘 뜻 알기
㉮ 관료 ㉯ 직전
㉰ 덕치 ㉱ 강경
㉲ 경국 ㉳ 국경
㉴ 호패 ㉵ 신문

③ 비슷한 말 반대말 알기
㉮ 덕치주의 ㉯ ↔ ㉰ ↔
㉱ 고수 ㉲ = ㉳ =

④ 큰 말 작은 말 알기
㉮ > ㉯ 정치 제도
㉰ 관료제 ㉱ < ㉲ 삼정승
㉳ 좌의정 ㉴ < ㉵ 정책
㉶ 회유책

⑤ 관용어 알기
㉮ 육판서 ㉯ ③ ㉰ 볼기
맞는다. ㉱ ②

⑥ 어휘 활용하기
㉮ ① ㉯ ⑤ ㉰ ⑥ ㉱ ⑧
㉲ ⑦ ㉳ 예 정부는 앞으로
시위를 벌이는 사람들에게
강경책으로 대응할 것이라
고 발표했다.

정답

① 가로세로 어휘 찾기

태	역	널	보	옥	편	만	조	백	관
평	편	종	라	관	재	성	현	자	독
성	중	고	매	자	고	뽕	배	척	해
대	립	변	유	망	하	다	어	휘	력
복	원	무	모	하	다	백	일	청	천

② 어휘 뜻 알기
㉮ 태평, 대 ㉯ 만조백
㉰ 일청천 ㉱ 독해
㉲ 편중 ㉳ 보라
㉴ 관자 ㉵ 편종

③ 비슷한 말 반대말 알기
㉮ 만조백관 ㉯ = ㉰ =
㉱ 중립 ㉲ = ㉳ =

④ 큰 말 작은 말 알기
㉮ < ㉯ 만조백관
㉰ 판서 ㉱ < ㉲ 능력
㉳ 독해력 ㉴ < ㉵ 현자
㉶ 공자

⑤ 관용어 알기
㉮ 제가끔 앓으랬다. ㉯ ①
㉰ 유망 ㉱ ②

⑥ 어휘 활용하기
㉮ ③ ㉯ ② ㉰ ⑧ ㉱ ⑥
㉲ ⑦ ㉳ 예 세종대왕이 나
라를 다스릴 때가 태평성대
였다.

정답

① 가로세로 어휘 찾기

연	소	발	화	점	지	게	차	축	★
앙	화	도	르	래	레	미	콘	바	받
부	흡	방	열	복	제	하	다	퀴	침
일	습	화	안	전	모	순	작	용	점
구	제	복	자	도	리	맹	렬	하	다

② 어휘 뜻 알기
㉮ 발화 ㉯ 작용
㉰ 방열 ㉱ 맹렬
㉲ 복제 ㉳ 도르래
㉴ 지게 ㉵ 축, 퀴

③ 비슷한 말 반대말 알기
㉮ 축바퀴 ㉯ = ㉰ =
㉱ 소화 ㉲ = ㉳ =

④ 큰 말 작은 말 알기
㉮ > ㉯ 옷 ㉰ 방열복
㉱ > ㉲ 온도 ㉳ 발화점
㉴ < ㉵ 약품 ㉶ 흡습제

⑤ 관용어 알기
㉮ 날아오다 ㉯ ①
㉰ 얻다 ㉱ ③

⑥ 어휘 활용하기
㉮ ④ ㉯ ③ ㉰ ⑤ ㉱ ⑨
㉲ ⑧ ㉳ 예 현아가 수업
시간에 딴짓하다가 선생님
께 걸렸는데, 불티가 나에게
날아왔다.

19회

 퍼즐

사과 → ㅅ, ㄱ : 자음 2개 ┐
　　　 ㅏ, ㅘ : 모음 2개 ┘ 4개

바람 → ㅂ, ㄹ, ㅁ : 자음 3개 ┐
　　　 ㅏ, ㅏ : 모음 2개 ┘ 5개

수도 → ㅅ, ㄷ : 자음 2개 ┐
　　　 ㅜ, ㅗ : 모음 2개 ┘ 4개

비누 → ㅂ, ㄴ : 자음 2개 ┐
　　　 ㅣ, ㅜ : 모음 2개 ┘ 4개

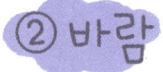 ② 바람

20회

 퍼즐

6 개

15g×6=90g

21회

퍼즐

출발
도착

19회 정답

 정답

① 가로세로 어휘 찾기

(낱말 퍼즐 표)

② 어휘 뜻 알기
가 대륙　나 착공
다 유럽, 합　라 자치
마 국제통　바 고속
사 노선　아 유전

③ 비슷한 말 반대말 알기
가 착공식　나 ＝　다 ＝
라 획기적　마 ↔　바 ↔

④ 큰 말 작은 말 알기
가 ＜　나 국가 연합
다 아세안　라 ＜
마 국제 통화　바 달러
사 ＞　아 고속 철도
자 테제베

⑤ 관용어 알기
가 떡 못 만들랴.　나 ①
다 돼지 만든다.　라 ②

⑥ 어휘 활용하기
가 ⑩　나 ①　다 ④　라 ⑥
마 ⑨　바 예 축구 시합에서 한 골 넣었다고 우쭐해서 자랑하는 친구를 볼 때

20회 정답

정답

① 가로세로 어휘 찾기

(낱말 퍼즐 표)

② 어휘 뜻 알기
가 유향　나 현량
다 조의, 문　라 용, 어천
마 잡색　바 혼의
사 자격루　아 강행실

③ 비슷한 말 반대말 알기
가 혼의　나 ＝　다 ＝
라 훈구파　마 ＝　바 ＝

④ 큰 말 작은 말 알기
가 ＞　나 붕당　다 서인
라 ＜　마 왕조 실록
바 성종실록　사 ＜
아 칭호　자 진사

⑤ 관용어 알기
가 노새 보듯　나 ③
다 송 생원　라 ②

⑥ 어휘 활용하기
가 ②　나 ⑦　다 ③　라 ⑨
마 ①　바 예 또 게임에 빠져서 학원에 안 간 걸 보니 글에 미친 송 생원 같구나.

21회 정답

 정답

① 가로세로 어휘 찾기

(낱말 퍼즐 표)

② 어휘 뜻 알기
가 북망　나 진저리
다 어스름　라 토벌
마 진, 양난　바 어사화
사 자리　아 북어

③ 비슷한 말 반대말 알기
가 북망산　나 ＝　다 ＝
라 아리송하다　마 ＝　바 ＝

④ 큰 말 작은 말 알기
가 ＜　나 외래어　다 버스
라 ＞　마 매체
바 대중 매체　사 ＜
아 몸짓　자 진저리

⑤ 관용어 알기
가 천만　나 ①
다 뜨다.　라 ②

⑥ 어휘 활용하기
가 ⑨　나 ⑦　다 ⑩　라 ⑧
마 ⑤　바 예 부모님이 싸우셔서 어느 쪽 편을 들어야 할지 고민할 때

22회 97쪽~100쪽

④ 번

23회 101쪽~104쪽

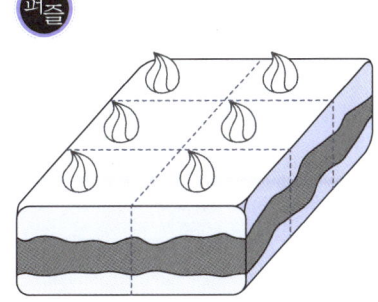

24회 105쪽~108쪽

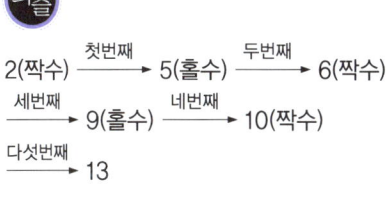

2(짝수) ──첫번째──→ 5(홀수) ──두번째──→ 6(짝수)
──세번째──→ 9(홀수) ──네번째──→ 10(짝수)
──다섯번째──→ 13

13 번

22회

① 가로세로 어휘 찾기

통	말	미	암	아	개	발	도	상	국
역	엘	라	니	냐	증	진	적	극	적
서	니	황	휘	손	우	개	척	정	신
닉	뇨	사	막	화	호	유	네	스	코
기	아	기	상	이	변	인	도	주	의

② 어휘 뜻 알기
⑦ 말, 암아 ⑭ 개발, 상
⑮ 라니 ㉮ 개척
⑯ 인도 ㉯ 기아
㉰ 미라 ㉱ 황

③ 비슷한 말 반대말 알기
⑦ 말미암아 ⑭ ↔ ㉯ =
㉮ 적극적 ㉰ = ㉱ =

④ 큰 말 작은 말 알기
⑦ > ⑭ 기상 이변
㉮ 가뭄 ㉯ > ㉰ 국제기구
㉱ 유네스코 ㉲ <
㉳ 정신 ㉴ 인도주의

⑤ 관용어 알기
⑦ 제사 돌아오듯 ⑭ ③
㉮ 세상을 안다. ㉯ ②

⑥ 어휘 활용하기
⑦ ② ⑭ ⑥, ⑤ ㉮ ①
㉯ ⑨ ㉰ ⑩ ㉱ 예 학원에서 시험을 가난한 집 제사 돌아오듯 본다.

23회

① 가로세로 어휘 찾기

덕	업	상	권	환	난	상	휼	서	원
과	예	속	상	교	문	서	승	임	흉
실	충	초	량	객	사	의	병	진	수
상	무	한	산	대	첩	반	정	왜	군
규	고	통	신	사	정	유	재	란	★

② 어휘 뜻 알기
⑦ 덕업, 권 ⑭ 예속, 교
㉮ 승병 ㉯ 반정 ㉰ 서원
㉱ 신사 ㉲ 초, 객
㉳ 수

③ 비슷한 말 반대말 알기
⑦ 승병 ⑭ = ㉮ =
㉯ 상속 ㉰ = ㉱ =

④ 큰 말 작은 말 알기
⑦ < ⑭ 향약 덕목
㉮ 환난상휼 ㉯ > ㉰ 군사
㉱ 의병 ㉲ < ㉳ 왜란
㉴ 임진왜란

⑤ 관용어 알기
⑦ 등화 ⑭ ①
㉮ 제민 ㉯ ②

⑥ 어휘 활용하기
⑦ ② ⑭ ⑥ ㉮ ③ ㉯ ④
㉰ ⑦ ㉱ 예 차가 쌩쌩 다니는 길 한가운데에서 오도 가도 못하고 있는 어린아이를 볼 때

24회

① 가로세로 어휘 찾기

돌	입	방	아	기	필	코	백	내	장
팔	날	삯	수	긍	환	호	성	사	호
매	치	일	★	형	사	글	세	방	사
질	환	근	도	벽	청	국	장	천	나
육	줄	하	다	덧	문	새	옹	지	마

② 어휘 뜻 알기
⑦ 방아 ⑭ 사글
㉮ 환호 ㉯ 호사, 마
㉰ 새옹지 ㉱ 돌팔매
㉲ 벽 ㉳ 국새

③ 비슷한 말 반대말 알기
⑦ 기필코 ⑭ = ㉮ ↔
㉯ 수긍 ㉰ = ㉱ =

④ 큰 말 작은 말 알기
⑦ > ⑭ 사방 천지
㉮ 하늘 ㉯ < ㉰ 눈병
㉱ 백내장 ㉲ < ㉳ 소리
㉴ 환호성

⑤ 관용어 알기
⑦ 새옹지마라. ⑭ ③
㉮ 찧다. ㉯ ②

⑥ 어휘 활용하기
⑦ ② ⑭ ④ ㉮ ⑨ ㉯ ①
㉰ ⑥ ㉱ 예 복권 1등에 당첨된 사람들이 친척끼리의 돈 다툼으로 불행해졌을 때

25회

퍼즐

81 개

정답

① 가로세로 어휘 찾기

장	발	굽	승	전	보	점	토	당	부
인	돈	종	주	국	아	누	투	항	사
정	움	간	광	풍	한	마	문	정	복
신	펜	팔	모	토	대	루	지	탐	마
광	활	하	다	병	휴	면	기	질	수

② 어휘 뜻 알기
가 장인 나 돋움
다 승전 라 종주
마 휴면 바 문지기
사 발굽 아 누, 루

③ 비슷한 말 반대말 알기
가 발굽 나 = 다 ↔
라 사복 마 = 바 =

④ 큰 말 작은 말 알기
가 < 나 풍토병
다 말라리아 라 >
마 기간 바 휴면기 사 >
아 옷 자 정복

⑤ 관용어 알기
가 다리를 떼고 먹는다.
나 ① 다 정자나무 건드린다. 라 ②

⑥ 어휘 활용하기
가 ⑦ 나 ④ 다 ⑨ 라 ⑩
마 ② 바 예 초등학생이 고등학생 형에게 대들 때

26회

퍼즐

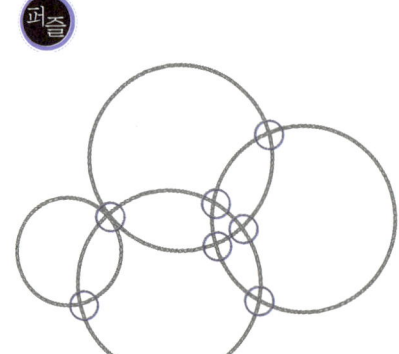

7 개

정답

① 가로세로 어휘 찾기

광	해	군	북	나	환	동	의	보	감
중	북	벌	관	선	국	탕	정	친	인
립	학	비	대	정	정	평	묘	명	초
외	론	변	첩	벌	치	책	호	배	반
교	란	사	비	병	자	호	란	금	정

② 어휘 뜻 알기
가 동, 보감 나 환국, 치
다 나선, 벌 라 북학
마 병자호 바 북관, 비
사 친, 배 아 탕평

③ 비슷한 말 반대말 알기
가 탕평책 나 ↔ 다 =
라 북벌 마 = 바 =

④ 큰 말 작은 말 알기
가 < 나 외교 정책
다 중립 외교 라 >
마 호란 바 병자호란
사 > 아 의서 자 동의보감

⑤ 관용어 알기
가 명장 믿듯 나 ③
다 상담 라 ①

⑥ 어휘 활용하기
가 ⑨, ⑧ 나 ② 다 ④
라 ⑦ 마 ⑥ 바 예 공부 못한다고 무시당하던 꼴찌가 하루 3시간만 자고 열심히 공부해서 훨씬 좋은 대학교에 입학했을 때

27회

퍼즐

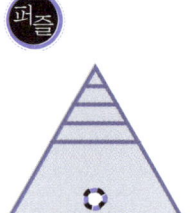

3 번

정답

① 가로세로 어휘 찾기

격	납	고	분	추	흥	청	망	청	태
암	살	혼	식	사	생	활	서	★	연
군	선	전	부	인	도	정	구	금	자
수	호	★	처	우	체	추	화	★	약
품	도	정	발	겨	포	방	경	외	심

② 어휘 뜻 알기
가 군수 나 선호
다 처우 라 경외
마 연자약 바 납고
사 도 아 방

③ 비슷한 말 반대말 알기
가 암살 나 = 다 =
라 태연자약 마 = 바 =

④ 큰 말 작은 말 알기
가 < 나 군수품 다 군복
라 > 마 음식 바 분식
사 < 아 마음
자 경외심

⑤ 관용어 알기
가 복검 나 ② 다 지인
라 ③

⑥ 어휘 활용하기
가 ⑥ 나 ① 다 ④ 라 ③
마 ⑨ 바 예 '구밀복검'이란 말이 있으니 초면에 너무 친한 척 다가오는 사람은 믿지 마라.

28회

 퍼즐

지우개

 정답

1 가로세로 어휘 찾기

★	장	용	영	목	열	금	납	화	대
여	서	균	규	민	하	중	실	학	동
각	열	역	장	심	일	상	사	납	여
대	동	법	각	서	기	학	구	속	지
보	부	상	중	노	학	파	시	책	도

2 어휘 뜻 알기

㉮ 장용 ㉯ 열하, 기
㉰ 중상, 파 ㉱ 납속
㉲ 대동 ㉳ 보부상
㉴ 각 ㉵ 대동여

3 비슷한 말 반대말 알기

㉮ 보부상 ㉯ = ㉰ =
㉱ 서자 ㉲ = ㉳ =

4 큰 말 작은 말 알기

㉮ < ㉯ 상인 ㉰ 보부상
㉱ > ㉲ 실학파
㉳ 중상학파 ㉴ >
㉵ 납세 제도 ㉶ 대동법

5 관용어 알기

㉮ 매직 ㉯ ① ㉰ 오리
㉱ ②

6 어휘 활용하기

㉮ ① ㉯ ② ㉰ ④ ㉱ ⑨
㉲ ⑦ ㉳ 예 암행어사는 전국을 돌아다니며 탐관오리들을 찾아내 벌을 주었다.

29회

퍼즐

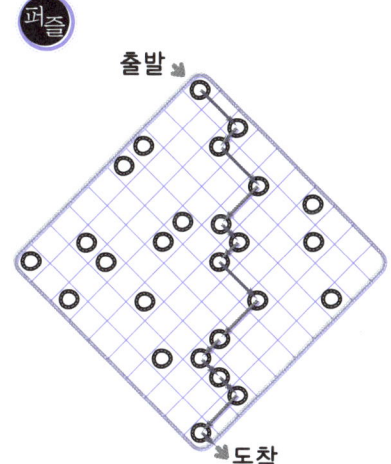

출발
도착

13 개

 정답

1 가로세로 어휘 찾기

해	악	외	돌	토	리	파	멸	활	로
재	널	아	스	라	이	수	영	누	실
분	주	가	권	주	가	련	망	출	명
배	칠	부	채	선	점	대	진	통	제
경	탄	좌	조	붓	하	다	창	달	★

2 어휘 뜻 알기

㉮ 외돌 ㉯ 아스라
㉰ 조붓 ㉱ 권주
㉲ 활로 ㉳ 칠부채
㉴ 부좌 ㉵ 설주

3 비슷한 말 반대말 알기

㉮ 외돌토리 ㉯ = ㉰ =
㉱ 해악 ㉲ = ㉳ =

4 큰 말 작은 말 알기

㉮ < ㉯ 노래
㉰ 권주가 ㉱ >
㉲ 제도 ㉳ 실명제 ㉴ >
㉵ 부채 ㉶ 칠부채

5 관용어 알기

㉮ 무강 ㉯ ①
㉰ 물 탄 것 같다. ㉱ ②

6 어휘 활용하기

㉮ ④ ㉯ ① ㉰ ⑥ ㉱ ③
㉲ ⑨ ㉳ 예 하영이는 칭찬을 해도 좋아할 줄 모르고 놀림을 받아도 화를 낼 줄 모르는 술에 물 탄 것 같은 성격이다.

30회

퍼즐

40 명

 정답

1 가로세로 어휘 찾기

산	환	곡	농	치	외	법	권	통	상
대	전	풍	민	안	내	천	이	양	선
놀	세	속	봉	정	무	몰	락	전	화
이	민	화	기	감	속	옥	당	백	전
사	널	시	초	록	송	사	유	랑	민

2 어휘 뜻 알기

㉮ 이양 ㉯ 치외, 권
㉰ 인, 천 ㉱ 사설
㉲ 당백 ㉳ 산대
㉴ 민화 ㉵ 봉기

3 비슷한 말 반대말 알기

㉮ 송사 ㉯ = ㉰ =
㉱ 유랑민 ㉲ = ㉳ =

4 큰 말 작은 말 알기

㉮ < ㉯ 그림 ㉰ 민화
㉱ > ㉲ 예언서
㉳ 정감록 ㉴ > ㉵ 백성
㉶ 화전민

5 관용어 알기

㉮ 안민 ㉯ ①
㉰ 소경이 저 죽을 날 모른다. ㉱ ③

6 어휘 활용하기

㉮ ⑩, ⑨ ㉯ ⑧ ㉰ ⑦
㉱ ② ㉲ ③ ㉳ 예 관리들은 항상 보국안민을 생각하며 열심히 일해야 한다.